求心力

人を動かす10の鉄則

Becoming a Person of Influence

ジョン・C・マクスウェル
ジム・ドーナン

明治大学教授
齋藤 孝 訳・解説

三笠書房

はじめに

だから、この人の周りに人は集まる！

人を一瞬で動かしてしまう人の圧倒的な「求心力」！

人の心を一瞬にして奪い、その人間的魅力で後々まで絶大な影響力を持つような人を、一般に「カリスマ」と呼んでいる。

もともと「カリスマ」とは、ギリシャ語で「神からの特別な恩寵《おんちょう》」という意味であったが、それくらい特別な能力を持っている人のことをいう。企業でいえば、社員から絶大な信頼を寄せられている経営者、多様な性格や能力を持った部下を巧みにまとめ上げ、常に高い業績を上げ続けている幹部——彼らに共通することは、いったい何だろうか。

一般に、特に現代社会では人の心をつかめない人、存在感がない人に、人を動かすことはできないし、大きなことを成し得るはずがない。つまり、**あなたが手にできる成功の大**

きさは、あなたの影響力、求心力の大きさに比例しているのだ。

私は、人の可能性を最大限に引き出し、モチベーションを高め、夢の実現を後押しすることを人生の使命にしている。また、毎年二万五千人以上もの企業や組織のリーダー育成に携わっている。

本書では、**「いかにして自分の影響力、求心力を高めるか」**を解き明かしながら、ビジネスで目覚ましい成果を上げ、また一人の人間として大きな成長を遂げるための方法論や思考法をお伝えしていきたい。

人は、人間力のあるリーダーから影響を受けたい、カリスマ的な指導者に先導されたいという希望を持つ。つまり、経営者、指導者、チームリーダー、上司として、組織に活気を与え、「結果」を出すためには、あなた自身の人間力を磨く必要があるということだ。そして、社員やチームメンバーのやる気を鼓舞し、やりがい、達成感を与えられる「器」を磨かなくてはならない。

そして、そうした卓越したリーダーシップの能力を、より速く、より効率的に身につけ、得られた成果を永続的なものにするために、本書を役立てていただきたい。

人を動かすコミュニケーション技術に長《た》け、またリーダーとしての高潔な人格を涵養《かんよう》し、ヴィジョンを揚げ、責任感、行動力を高め、成果を積み重ねていくにつれ、あなたは無意識のうちに人を引きつけることができるようになるだろう。そして、その影響力によって、**あなたの信望は〝掛け算式に〟広がっていく。**

そして、あなたから指導や感化を受けた人々が、今度はまた別の人たちへとその哲学、信念、英知を受け渡し、発展させていくだろう。もちろん、このレベルに到達するまでには多くの努力と時間を要するが、これを成し遂げる潜在能力は誰にでも備わっている。

もちろん、あなたが強い影響力、求心力、リーダーシップを発揮すればするほど、責任は重くなり、個人的な選択の自由は制限されるかもしれない。社会的地位が上がれば、使命も責任も大きくなるだろう。

しかし、人々はあなたの言動、特に「行動」を手本にする。そして、あなたから感化を受けた人は、「自分の人生に影響を与えてくれた人」として、あなたの名前を永遠に心に刻むだろう。

この本は、自分の人生に人一倍大きな意欲を持つ人、また自分が蓄積した様々な能力、英知を後に続く人々に「松明《たいまつ》」として手渡す使命感に燃える人々にとって、一つの役割を果たすものと確信している。

◎もくじ

カリスマの「求心力」④ 耳を貸す

「心の声」を汲み取れ

カリスマの「求心力」⑤ 理解を示す

「相手の立場」に立て

カリスマの「求心力」⑥ 巧みに助言せよ

「成長力」を加速させよ

カリスマの「求心力」⑦

「大きなヴィジョン」を語れ

〝ガイド〟に徹する

カリスマの「求心力」⑧

「常勝チーム」をつくれ

〝結束力〟を高める

カリスマの「求心力」⑨ 〝後ろ盾〟になる

思い切って「任せよ」

カリスマの「求心力」①

品格を磨く

「存在感が光る人」になれ

Becoming
a Person of Influence

世の中には、人の心を揺り動かす力を持った人、カリスマ的な影響力、求心力を持った人がいる。そうした人には、無意識のうちに多くの人が引き寄せられ、無条件についていきたいと思わせる力がある。

米国の詩人、哲学者のラルフ・ウォルド・エマーソンは言う。

「人はみな誰かのヒーローであり、ひらめきの源である。その人にとって、あなたの言葉ははかり知れない価値を持つ」

では、いったい、人を引きつける力、人を動かす力は、どこから生まれるのだろうか。

高いヴィジョン、信念、使命、コミュニケーション力、問題解決力、行動力……数え上げれば切りがないだろう。

しかし、これらすべての根本を成す要素がある。それは、人としての品性、人格、人間力である。

品性とは、家の土台のようなものだ。土台がしっかりしていれば、どんなに激しい風雨にも家が揺らぐことはない。しかし、土台に亀裂があれば、嵐によって衝撃が加わった時に家全体が崩れ去ってしまうだろう。

つまり、人格という基盤が揺らいでいれば、どんなに仕事で業績を上げようと、どんなに素晴らしい肩書き、学位、称号、受賞歴があっても、免許、資格があっても、人はついてこない。

影響力が大きくなるにつれ、自分が〝法の上〟にいる独裁者であるかのように勘違いする人もいる。

しかし、リーダーシップとは、高い倫理観、誠実さを証明しながら発揮すべきものだ。

「肩書き」や「地位」の力だけでは、人は動かない。

そして、傲慢な態度や考えによって一度信頼や尊敬を失えば、それを回復するのは並大抵のことではない。

✷〝人間力のある人〟には誰も抵抗できない

また、人間性や品性よりも「評判」や「イメージ」を必要以上に強調したがる人もいる。

新訳聖書解釈の第一人者ウィリアム・ハーシー・デービスが、〝品性〟と〝評判〟について、こんな文章を書いている。

評判は、「あなたのあるべき姿」であり、

品性は、「あるがままのあなた」である。

評判は、写真である。
品性は、顔である。

評判は、外側からやってくるが、
品性は、内側から生まれてくる。

評判は、新しいグループの一員となる時にものを言い、
品性は、立ち去る時にあなたについてくる。

評判は、一瞬でできあがるが、
品性は、一生をかけてつくり上げる。

評判は、一時間もあれば明らかになるが、
品性は、一年経ってもわからない。

評判は、キノコのように生えてくるが、
品性は、生涯続く。

評判によって、金持ちか、貧乏かが決まるが、
品性によって、幸福か、不幸かが決まる。

評判は、あなたの墓石に刻まれる言葉だが、
品性は、あなたが神の前にひれ伏す時、天使の口から出る言葉である。

いかがだろうか。
たしかに、古代イスラエルのソロモン王は、「豊かな富よりもよい評判のほうが望ましい」と言ったが、人間性や品性が磨かれているからこそ、「よい評判」も立つというのが正しいだろう。
知識によって、束の間の成功を収める人は多い。行動によって一時的に成功する人もい

る。しかし、本当の自分でありながら、永続的な成功を手にする人は滅多にいない。

人間力のある人間になることは容易なことではないが、最終目的地に到達するには、それ以外に道はない。

✴生き方の〝原理原則〟に筋は通っているか

誠実な生き方をしている人、品性のある人を、人は信頼する。

そして、**私たちは信頼のおける人、人格的に優れた人の言うことなら、耳を貸してもいいと考える。**つまり、影響力と求心力のある人、人を動かす人になるためには、まず次に挙げる清廉な資質を身につけ、日々それを実践することを心がけてほしい。

◇言動に「一貫性」を持たせる
◇「誠意あるコミュニケーション」に心をくだく
◇「率直・誠実」である
◇「謙虚」である

◇人に「助けの手」を差し伸べる
◇「約束」を守る
◇「利他の心」を忘れない

人間の「本当の姿」は、子供と遊んでいる時、車のタイヤがパンクした時、上司が留守の時、誰にも見られていないと思っている時に表われるという。

しかし、誠実な人間は、どこで、誰と、どのような状況にあっても、自分の生き方の原理原則から外れることはない。

✴この〝むずかしい選択〟を前に「人品」が試される

アイゼンハワー大統領は、人の上に立つ者に求められる資質について次のように述べた。

「リーダーにふさわしい最高の資質とは、一点の曇りもない品格である。それなしには、派閥であれ、フットボールチームであれ、軍隊であれ、会社であれ、真の成功は望めない。仲間から品性に欠ける奴だと思われたら、失敗は避けられないだろう。リーダーは、誰に対しても公正に教え、接しなければならない。それゆえ、品格と高い志がまず必要になってくるのだ」

人々の信頼が厚くなればなるほど、あなたの存在感は高まり、影響力も求心力も、むろん大きくなる。

しかし、気をつけるべきは、影響力には危険な面もあるということだ。力は諸刃の剣になり得る。

人格が未熟な者が力を持ったり、よからぬ目的に力が乱用されたりすることは珍しくない。頻発する企業や公務員の不祥事を見れば、それは明らかだろう。

リンカーンも言っている。

「ほとんどの人は逆境には耐えられる。しかし、その人の品性、高潔さを試すには権力を与えてみることだ」

特に、指導的な立場にある人は、権力の効用をよく理解する必要がある。

もちろん、高潔で人間力のある人になるためには、むずかしい選択を迫られることもあるだろう。しかし、その選択を前に自省すること自体、大きな意味のあることである。

有事にあって迷わない「3つの習慣」

では、次に人格を磨くための方法を挙げていこう。

〝原理原則〟に従って決断を下せ

原理原則に基づいた「明確かつ意識的な決断」を下せるようになること。それが、人間性や品格を磨く第一歩である。人間の普遍的な美徳を身につけないまま困難に直面すれば、失敗することは目に見えている。

今この時から、厳しい行動規範、原理原則に従って毅然と行動すること。たとえ何があろうとも、それを守らなければならない。

自分を〝安売り〟するな

ジョージ・ワシントン大統領は、「自分を誰よりも高く評価してくれる人に反論できるだけの徳を備えた人物は少ない」という言葉を残している。

自分の品格、人格を損なわないために我が身を守る最善の道は、今日、この場で、権力、プライド、怒りや恨みの感情、そして金銭のために自分を安売りしないと誓うことだ。

❖「やりたいこと」より「やるべきこと」をやれ

私の友人で数多くの自己啓発書を著しているジグ・ジグラーは、「やらなければならない時にやるべきことをやっていれば、やりたい時にやりたいことができる日がやってくる」と言う。

この考え方をさらに推し進めて、心理学者で哲学者でもあるウィリアム・ジェームズはこう言っている。

「練習のために、一日に少なくとも二つは〝自分がやりたくないこと〟をやらなければならない」

ここで、「やるべきこと」を敢然と遂行することの重要性を示す例を紹介しよう。

一九八二年に起こったタイレノール毒物混入事件（鎮痛剤に何者かが青酸カリを混入し、死者が出た事件）でのジョンソン・エンド・ジョンソン社の対応は、まさに堅固な誠実さを持って企業の品格を見せたいい例である。

この事件では、数人が犠牲になり、捜査の結果、タイレノールのカプセルが汚染されていたことがわかった。

事件発生から数時間後、社長は、一億ドルの損失を覚悟の上で、タイレノールのカプセルをすべて回収することを決定した。

なぜそれほどの重大な決断を、なんの苦もなく、かつ迅速に下すことができたのか——この質問に対して社長は、「自分は『公正かつ誠意ある営業をする』という社是に従って行動したまでだ」と答えた。

何を自分の信条とするかを明らかにしていれば、有事にあっても迷わず、正しい行動をとりやすいものである。

ジョンソン・エンド・ジョンソン社にできるなら、私たち個人にもできるはずだ。

自分の信条をよく知り、それに従って行動すれば、人から信頼されるようになるだろう。そして清廉潔白な、ひとかどの人物として尊敬され、手本とされるだろう。

カリスマの「求心力」②

上手に励ます

この"ひと言"を惜しむな

Becoming a Person of Influence

影響力のある人、人を動かす人は、その人本来の可能性を伸ばすために激励の言葉をかけ、本人のやる気を引き出すことに心をくだく。

存在感や影響力のある人とは、権限や権威をふりかざして、他人の間違いを指摘、批判する人のことではない。

スコットランドの宗教改革の指導者、ジョン・ノックス牧師がかれこれ四百年前に言ったことは現代にも通用する。

「相手の反感を買いながら、その人を変えることはできない」

好意と思いやりが感じられない相手からの言葉を素直に受け取る人はいないのだ。

✴〝激励してくれる人〟に人は影響を受ける

人を育て、伸ばすためには、相手を信頼し、気にかけてやることだ。相手を嫌ったり、蔑《さげす》んだり、軽んじたりしていては、その人を動かすことも感化することもできない。相手のことを「取るに足りない奴だ」と思っていれば、**相手はあなたの〝期待どおり〟の人間にしかなれないのだ。**

たしかに、人を育てるのは手間も時間も、心のエネルギーも必要だ。暇な時や気が向いた時だけ手や口を出す程度では、優秀な人材は育たない。

大半の人は、誰かから「励ましの言葉」が欲しいと切望している。そして、**人がもっとも影響を受ける相手とは、「自分を最大限に評価してくれる人」**なのである。

だから、あなたが温かい気持ちで周りの人を育て、伸ばし、「よくやった」と折にふれて激励してやれば、あなたの存在感も影響力も必然的に大きくなる。

そして、「人を伸ばす」ことのゴールは、常に成長を忘れない「自律型人間」に育てることである。人を育てると言いながら、相手を自分に依存させようとしていないだろうか。そんな打算が心の内にあれば、「もたれ合いの関係」しか生まれない。

〝心理的なつながり〟があれば、人は動く！

では、具体的にはどうすればよいのか。まず、何はさておき、愛情を示すことである。同じ叱るにしても、そこに愛情があるかないかで、相手の受け取り方は天と地ほども違う。

愛情が存在しない指導では心理的なつながりが生まれることもなく、そこには未来も、成功もない。自分の人生を振り返って、自分に影響を与えた人のことを思い出してみるといい。

熱心に指導してくれた先生、尊敬できる上司や先輩……彼らと過ごした時間は、きっと愛情溢れる時間だったに違いない。そして、あなた自身も彼らと積極的に関わってきたはずである。

影響力がどれほど長続きし、深く浸透するかは、相手への思いやりの深さ次第だ。相手の成長を促し、自信を深めてやるのに、思いやりに満ちた激励に勝るものはない。

元ＮＦＬ（アメリカンフットボールのプロリーグ）の伝説的監督ヴィンス・ロンバルディのようなタフガイでさえ、人の才能を最大限に引き出すには、愛情をかけることが重要であると知っていた。

「勝つための戦略戦術を知りつくした監督が指揮をしても、なかなか勝てないチームはいくらでもある。そんな時は第三の要素が必要になってくる。つまりチーム力を高めるには、選手同士が思いやりを持たなければならない。一人ひとりが隣にいる選手のことを考えなければならない」

人を伸ばすとは、相手を思いやることなのだ。

身近にいる人に感じている愛情と感謝の気持ちを、出し惜しみせずに伝えよう。自分にとって大切な人だと伝えたり、気にかけていることを知らせるために、ちょっとしたメモを渡すのもいいだろう。

「言わなくてもわかっているだろう」と思うのが一番よくない。思いやりの言葉をいくらかけても損をすることはないと覚えておくこと。

✳〝自尊心〟をくすぐられるから「やる気」に火がつく

ある小さな町に越してきた女性の話である。彼女は隣人に、地元のドラッグストアのサービスが悪いと不満を漏らした。その隣人が、彼女の苦情を店主に伝えてくれることを期待してのことだった。

女性が、再びドラッグストアに行くと、薬剤師は満面の笑顔で彼女を迎え、「毎度ありがとうございます。この町はお気に召しましたか」と言葉をかけてきた。しかも、困ったことがあったら、何でも自分に相談してくれと言う。そして、手早く注文の品をそろえてくれた。

この驚くべき変化について、彼女は隣人に話をした。「サービスが悪いと私が言っていたことを伝えてくださったんでしょ」と尋ねると、「それが……」と隣人は言った。「気を悪くしないでほしいのだけど、実は、お店の人には、『小さな町なのに、こんなにいいドラッグストアがあるのには驚いた、今までで最高のドラッグストアだ』とあなたが言っていると話しただけなの」

隣人は、「自尊心をくすぐられた人は、相手の期待に応えようとする」ことを知っていたのだ。実際、私たちは敬意を持って接してくれる人には、たいていのことをしてあげたいと思うものだ。

敬意を持って接するとは、相手の気持ちや好みを尊重し、意見に耳を傾けることを意味する。

ラルフ・ウォルド・エマーソンによれば、「すべての人間は、その人の最高の瞬間によって評価される資格がある」。

敬意を表わすとは、相手の才能や能力を認める言葉をかけることだ。その結果、お互いにより大きな成功を手に入れることができるかもしれない。

『ウォールストリート・ジャーナル』紙に掲載された、ある調査によれば、有能な幹部ほど、例外なく部下との関係に積極的だということがわかった。部下の意見に耳を傾け、問題点について定期的に話し合い、彼らを尊重するというのだ。
もし、あなたが「他人に敬意を払う上司」と「払わない上司」双方の下で働いた経験があれば、話は早い。尊重されているかいないかで、いかにやる気に差が出るかわかるだろう。もちろん、自分のことを尊重してくれる上司に信望を寄せることもわかるはずだ。

＂環境＂しだいで「挑戦欲」は5倍にも10倍にもなる！

人を育てる上でもう一つ重要なのは、相手に「安心感」を与えることである。「この人と一緒にいても大丈夫なのだろうか」と不安を感じていては、能力を発揮することもできない。しかし、相手に安心感を感じていれば、積極的に挑戦できるし、最善を尽くせる。

「信頼できる相手から正しく評価されていれば、自分を目立たせようとして人を貶《おとし》める必要はなくなる」のである。

前章でも述べたように、相手に安心感を与えるには誠実さが必要だ。言動が一致し、高い道徳規範を守っている人は、相手に安心感を与えるものだ。

ノートルダム大学の元フットボールチーム監督ルー・ホルツも、こう言っている。

「正しいことをやれ！　最善を尽くせ。そして自分にしてほしいことを相手にもすること。なぜなら、相手はこう質問してくるからだ。
（一）君は信用できるか。
（二）君は真剣か。
（三）君は私という人間に関心があるか」
また、人間は安心して力を発揮できる環境を求めようとする。だから、優れたリーダーは、チームのメンバーが活躍できる環境をつくり出すことにエネルギーを使っているのだ。

✴「脳みそも心と同じ。誉めてくれる人のほうを向きたがる」

ある調査によると、働く人が抱く不満の最大の原因は、「上司に信用してもらえない、認めてもらえないこと」だという。自分という人間、あるいは自分の仕事の成果を正しく評価してくれない人をリーダーとして仰ぐことはむずかしい。

「脳みそも心と同じで、誉めてくれる人のほうを向きたがる」のだ。

31　この“ひと言”を惜しむな

相手を認めることの大切さは、何もビジネスや企業に限ったことではない。

ほんのちょっとしたことが、相手の人生を変えることもある。ある教師による「一生、人を勇気づけた紙切れ」の話を紹介しよう。

＊　＊　＊

その日は金曜日で、教室中がおかしな雰囲気だった。その週はずっと新しい数学の概念について勉強していたが、生徒たちは行き詰まり、イライラしていた。

手をつけられない状態になる前になんとかしなければと思った私は、全員に二枚の紙を配り、クラス全員の名前を適当な間隔を空けて書くように言った。そしてクラスメート一人ひとりの「一番いいところ」と思うところを書いてもらった。

その日の授業は、すべてその作業に費やした。授業時間が終わると、みんなは紙を提出して、帰っていった。

次の日、私は生徒がお互いに書き合った内容をリストにして、一人分ずつ一枚の紙にまとめた。月曜日にはそれをそれぞれの生徒に渡した。なかには二ページになったものもあった。

やがて教室中が笑顔でいっぱいになった。「ほんとかしら?」「あれが役に立ってたんだ!」「私って、けっこう人気者だったのね」というささやき声があちこちから上がった。

その後、この紙のことがクラスで話題になることはなかったし、放課後や家に帰ってから、その話が出たかどうか、私は知らない。しかし、そんなことはどうでもいい。その目的は十分達成された。生徒たちは自信を取り戻し、お互いを認め合うようになったのだ。

そして、やがてみんな卒業していき、数年が過ぎた。


ある年、休暇から帰ってきた私を、両親が空港まで迎えに来た。帰りの車の中で、天候のことや、旅は楽しかったかといったありきたりの会話を交した。それが一段落すると、母が父に目くばせし、父が私のかつての教え子の一人、マークがベトナムで戦死したと私に告げた。

告別式は次の日だった。

牧師がお決まりの祈りを捧げ、葬送ラッパが吹かれた。マークに最後の別れをするために、一人ずつ棺《ひつぎ》に歩み寄り、聖水を振りかけた。

最後が私だった。その場に立ちつくしていると、棺を担ぐ役の軍人が近づいてきて、言った。「マークの数学の先生ですか」。私はうなずき、ずっと棺を見つめていた。

「マークはしょっちゅう、あなたの話をしていました」

告別式が終わった後、マークのクラスメートたちは、その一人、チャックの農場で昼食をとることになっていた。マークの両親もそこにいて、私を待ちかねていたようだった。マークのお父さんは「先生にお見せしたいものがあります」と言うと、ポケットから札入れを取り出した。

「マークが死んだ時、これが見つかったそうです。先生はご存じでしょう」

お父さんは札入れから二枚のノートの切れ端を注意深く取り出した。その紙は何度も折りたたまれ、テープのつぎはぎだらけだった。それが、クラスメート全員が書いたマークのいいところのリストだということは、わざわざ広げてみなくても、私にはわかった。

今度はお母さんが、「ありがとうございました。マークはこれを宝物のように大事にしていました」と、言った。

教え子たちが周りに集まってきた。

チャックは少し照れながら、「僕もまだ自分のリストを持ってます。家にある机の一番上の引き出しに入れてあります」と言った。ジョンの妻は、「ジョンは、どうしてもこれをウェディングアルバムに入れてほしいと言っていました」と言う。「私も持っています。

日記に挟んであります」と、マリリン。ビッキーは財布を取り出し、ボロボロになったリストをみんなに見せながら、「肌身離さず持っているんです。みんな大事に取ってあるはずです」と言った。

私はその場に座り込み、声を上げて泣いた。

＊
＊
＊

何年も前、まだ子供だった頃にもらった紙切れを、多くの人が大人になっても大切に持っていたのはなぜだろう。祖国を遠く離れた戦地にまで肌身離さず持っていった人もいた。なぜなら、その紙には自分の「長所」が書かれていたからである。

誰もが人から評価され、認められることを切望している。

人とつき合う時は、じっくりと相対し、名前を覚え、自分が相手のことをいかに気にかけているかを相手に示さなければならない。自分の予定よりも何よりも、まず人のことを第一に考え、あらゆる機会を見つけて感謝の気持ちを表わす。そうすれば、相手は元気が出てくるし、やる気になる。

そして、彼らはあなたのことを「とても大切な人」と感じるようになるだろう。

✳偉大な人物ほど〝激励の言葉〟を惜しまない

以前、人間はどれぐらいの痛みに耐えられるかという実験が心理学者たちによって行なわれた。それは、裸足の人が氷水の入ったバケツの中にどれぐらいの時間立っていられるかを計測するというものだった。

その結果、ある要因があれば、通常よりも二倍の時間、氷水の中に立っていられることがわかった。その要因とは、〝激励〟である。

その場に居合わせた人が、励まし、手を貸そうとするだけで、長い時間、困難に耐えられるのだ。

激励ほど人の支えになるものはない。**「激励は魂にとっての酸素」**だと言う人もいる。

またゲーテは、「批判は有益なものだが、酷評された後の激励の言葉は、雨の後の太陽**のようだ」**と書いた。

そしてウィリアム・A・ウォードは、激励された時の気持ちを、こう言い表わしている。

「おだてられれば、あなたを信じない。批判されれば、あなたを嫌いになる。無視されれ

ば、あなたを許さない。勇気づけられれば、あなたのことを忘れない」

米国独立に多大な貢献をした大人物、ベンジャミン・フランクリンは、海軍司令官のジョン・ポール・ジョーンズに宛てた手紙の中で、「今後、貴官が部下や友人に対して過分の称賛を与えると同時に、貴官の責任とは言えないことについても過ちを認めるならば、遠からず貴官は偉大なる艦長となられるだろう」と書き記した。

ジョーンズはその真意を汲み取り、米国の独立戦争の英雄になり、その後はロシア海軍の海軍少将の地位を得た。

✷〝人がついてくる人・ついてこない人〟の「決定的な差」とは――

激励すれば人がついてくる。逆に称賛や激励がなければ人はついてこない。

マクスウェル・マルツ博士によれば、身近な人に励ましの言葉をかけないと、驚くほどの悪影響があるという。

マルツのところに一人の女性が助けを求めてきた。夫は、息子がまだ幼いうちに亡くなっており、彼女が女手ひとつで夫が始めた会社を切り盛りしてきた。そして息子が一人前になったら会社を譲るつもりだった。ところが、一人前になった息子は会社には関わりたくない、ニューヨークに行って勉強したいと言って、家を出てしまったというのだ。

数日後、今度は息子がマルツのところを訪れた。母親にどうしても行けと言われたからだった。

「母のことは愛しています。でも、母にはどうして家を出なければならないか、説明したことはありません。その勇気がなかったんです。母を悲しませたくありませんからね。でも、先生、父が始めた事業を引き継ぐのは嫌なんです。僕は自分の力を試したいんです」

マルツは答えた。

「それは素晴らしいことですが、お父さんに対して何かわだかまりがあるのですか」

「父は善良な人間で、働き者でしたが、僕は父のことが嫌でたまりませんでした。父はたたき上げで、子供は厳しく育てたいと思っていたのかもしれません。子供の頃、僕は父に一度も誉めてもらったことがありませんでした。裏庭でよくキャッチボールをして、僕が十回連続で受けられるかどうか、ゲームをしたものです。それなのに、先生、父は僕に十球目のボールを絶対に受けさせてくれなかったんです。八球、九球までは普通に投げるのですが、十球目は必ずあらぬ方向に投げたり、地面に向かって投げたり、僕が受けられないように投げるんです」

ここで青年は一息入れ、さらに続けた。

「父は僕に十球目のボールを絶対に受けさせてくれなかった——一度もですよ。たぶん僕が父の会社を継ぎたくなくて家を出るのは、十球目のボールを受けとめるためだと思います」

人に励まされたことのない人は、健全で、豊かな人生を送れないことがある。しかし、**人は励まされると、不可能に立ち向かい、想像を絶する困難を克服できる。そして、励ました人への感謝の気持ち、恩義は一生続く**のだ。これが人に影響力を与えるということの真髄である。

✴「相手の立場」を洞察する力

人を育てるには、「人の立場に立つこと」を学ばねばならない。

他人のことは自分には関係ないと考えるのではなく、相手の立場で考える——。これは簡単にできることではない。そして、**自分を深く見つめてきた人ほど、「相手の立場」への理解も深い**ものだ。

このように、人を育てるのは容易なことではないが、その過程で得られるものは少なくない。次に挙げてみよう。

❖〝自尊心〟を刺激すれば〝天井知らずの可能性〟に目覚める

自尊心に詳しい精神科医ナサニエル・ブランデンは、人の精神の発達と動機づけに関して、「自己評価」ほど重要な要因はないと述べている。

自己評価の本質は、その人の価値観や信念、思考法、感情、そして目標に大きな影響を与えるという。彼の考え方によると、**「自尊心」こそが人の行動のカギを握るもっとも重要なもの**なのだ。

自己評価が低いと、その人の人生には数多くの悪影響が現われる。

詩人T・S・エリオットは、「この世の害悪の半分は、自分を重要な人物だと思いたい人間が原因である……彼らは悪事をはたらこうとしているわけではない……彼らは自分を実際よりも優れた人間だと思いたいがために、果てしない葛藤に呑み込まれていくのだ」と、言い切っている。

自分に自信がない人は、目に見えない天井をつくり、自らに課した限界を超えるための努力を放棄してしまう。

十八世紀の文学者サミュエル・ジョンソンの言葉を借りれば、**「自信は偉大な仕事を成し遂げるための第一の必要条件」**である。自信は、仕事、学業、人間関係など、人生のあらゆる場面で力を発揮する。

たとえば、国立スチューデント・モチベーション研究所が行なった調査によれば、学業の成績を左右するのはＩＱよりも自信だという。

ペンシルバニア大学の心理学教授マーティン・セリグマンは、**自己評価の高い人ほど給料のいい仕事に就き、大きな成功を収めている**という事実を明らかにした。大手保険会社のセールスマンを調査したところ、成功が期待されているセールスマンは、そうでない人よりも三七パーセントも多く保険を売っていた。

部下であれ、同僚であれ、生産性を高めて、より積極的な人間関係を築かせたいと望むなら、彼らの自尊心が高まるように手を貸してやることだ。価値を認められれば、必ず〝結果〟を出すはずだ。

❖ナポレオン軍が「抜群の統率力」を誇った理由

帰属意識は人間の基本的欲求の一つである。孤立し、集団から疎外された人間は苦しい思いをする。

誰でも誰かに愛されたいと思っている。愛されたいとは、人や物とつながりを持ちたいということだ。この欲求を満たすためには、人はあらゆる手段を使う。

影響力のある人、人を動かす人は、こうした帰属意識の存在と重要性を知っているので、何をするにも、相手に疎外感を与えないようにする。

親であれば、「自分は大事にされている」と子供に感じさせる。夫婦であれば、互いに「自分は相手にとってかけがえのないパートナーだ」と感じられるようにする。上司は、部下が「自分はチームの大切な一員だ」と自覚できるようにする。

偉大なリーダーと言われる人は、自分についてくる人に帰属意識を植えつけるのが素晴らしくうまい。

たとえばナポレオンは、「自分は大切にされ、共に戦っている」と部下に思わせるのがうまかった。野営地を歩き回っては、士官を名前で呼び、親しく話をしながら、故郷のことや、家族について尋ねたりした。また将軍自ら、その士官が参加していた戦いについて論じたりもした。

ナポレオンが部下たちに関心を寄せ、共に過ごす時間に比例して、部下の仲間意識や帰属意識が高まった。ナポレオンの軍隊が指揮官に忠実だったのも当然である。

上手に人を育てるには、相手の立場に立つこと。そして全員を巻き込むことだ。

それはちょうど二頭立ての馬車に一頭のロバをつなぎ、「それ行け、ボーレガード、それ行け、サッチェル、それ行け、ロバート、それ行け、ベティー」と声をかけている農夫のようなものだ。

近所の農夫がこれを聞いて、尋ねた。

「そのロバにはいったい、いくつ名前があるんだい」

「一つだけだよ」と、ロバの持ち主は答えた。

「こいつの名前はピートだ。でも目隠しして、いろいろな名前を呼んでるから、他にもロバがいると思ってるんだ。仲間がいると思わせておくと、聞き分けがいいもんでね」

❖なぜ彼らは〝第二のヘミングウェイ〟になりそこねたのか

適切な指導を受けると、自分の将来が見えてくる。否定的なコメントや批判を人から浴びせられてばかりいると、自尊心も自信もすりへってしまうことが多い。

アーサー・ゴードンの『小さな不思議』（*A Touch of Wonder*）に、わかりやすい例が出ている。ウィスコンシン大学のサークルに入っていた友人の話だ。

サークルに参加していたのは数人の聡明な若者たちで、みな文才に恵まれていた。ミーティングでは、一人が自作の物語やエッセーを読み、他の学生がそれを細かく分析し、批評する。辛辣《しんらつ》な批評が多かったため、彼らは自分たちのことをストラングラーズ（絞殺魔たち）と呼んでいた。

同じキャンパスにあった女性だけのサークルは、自称ラングラーズ（論争する人々）といった。彼女らもまたお互いに原稿の読み比べをしていたが、互いに批判し合うのではなく、いいところを見つけるようにしていた。どんなに欠点だらけで未熟な文章であっても、全員が勇気を与えられた。

二十年後、同窓生の進路について調べた結果、才能ある若者たちのサークルのストラングラーズからは、物書きとして大成した人は一人もいなかった。

ところが、ラングラーズからは、必ずしも将来を期待されていたわけではなかったにもかかわらず、六人が物書きとして成功していた。その中にはピューリッツァー賞を受賞した『子鹿物語』の著者マージョリー・キーナン・ローリングスもいた。

ストラングラーズでは、批判し合っているうちに自分の才能に疑問を持ち始め、最終的には全員が「自分には才能がない」と思ってしまったのである。

否定され続ければ、どんな才能も押しつぶされてしまう。

しかし、もしメンバーの一人が、才能を育てる側に回っていたら、第二のヘミングウェイ、フォークナー、フィッツジェラルドが誕生し、名作を世に送り出していたかもしれない。

人はみな誰かに育てられて成長する。ワシントンにあるスミソニアン博物館には、暗殺当夜のリンカーンが身につけていた私物が展示されている。「A・リンカーン」と刺繍されたハンカチ、ペンナイフ、木綿糸で繕《つくろ》った眼鏡入れ、南部連合の五ドル紙幣、そして彼の大統領としての業績を誉め称えた新聞の切り抜き。

「エイブラハム・リンカーンはもっとも偉大な政治家の一人であり云々」

リンカーンは在職中、激しい批判にさらされ続けた。そのため、意気消沈することも多々あったに違いない。その切り抜きは、何度も読まれたらしく、すり切れてボロボロになっていた。つらい時には大統領の支えになっていたことは疑うまでもない。そのおかげで、リンカーンは大局を見誤らずにすんだのである。

❖「天井知らずの可能性」に目覚めるには

作家、マーク・トウェインは警告する。

「あなたの大望を小さな枠にはめようとする人は避けること。人間が小さい人ほど、その傾向がある。しかし、**偉大な人間は、あなた自身も偉大になれるという気にさせてくれる」**

周囲の人は、あなたをどう思っているのだろう。取るに足りない人間だと思っていないだろうか。それとも自信に溢れ、未来の希望に燃えている人物だと認めているだろうか。あなたが相手のことをどう思っているかで、その人との接し方が違ってくる。考えていることが行動に表われてしまうのだ。ゲーテはこう主張する。

「相手を相手にふさわしいように接すれば、その人は堕落する。しかし相手を、実際にはそうではないが、理想的な人間として接すれば、そのような人間にすることができる」

人を育てることが素晴らしいのは、「希望」をプレゼントできるからだ。もし相手が自尊心の低い人で、今は自分の価値を見いだせないでいたとしても、将来の成功の可能性を誰かに認められれば、努力できるはずだ。

希望を持ち続ければ、どれだけの成果を上げることができるか、誰にも予測することはできない。

✷“高揚感とひらめき”を与える人間になれ！

誰でも人の可能性を引き出し、相手の人生を価値あるものにできる。人を育てることに

苦手意識を持つ人は多いが、「人のことを第一に考える」という姿勢を身
なたも肩ひじ張らずに人を伸ばすことができる。
以下に、その心得を挙げてみよう。

❖〝言い訳〟は一切なしで「責任」を持つ

人を育てる時は、責任を持ってあたること。そのためには、これまでの自分の優先事項や行動のしかたも変える必要が出てくる。人材育成が進まない言い訳はやめ、責任を持って相手を支えることだ。

❖相手の〝可能性〟を信じる

身近な人の期待に応えられたかどうかで、人は一喜一憂する。相手のまだ眠っている可能性に信頼と希望を持つこと。そうすれば、彼らは期待を裏切らないよう、最善を尽くすだろう。

❖〝相談しやすい雰囲気〟をつくる

遠く離れたところにいながら人を育てることはできない。むしろ「密接な関係」が必要

である。人を育てるには、多くの時間を相手と共に過ごす必要がある。しかし、関係が安定し、彼らに自信が芽生えてくると、一人前の人材に育つのにそれほど時間はかからない。

ただし、いつでも相談に応じられるように、親しみやすい雰囲気をつくっておくこと。

❖見返りを期待せず〝惜しみなく与える〟

必要な人材は、どこからか引っ張ってくればいい――そんな考えの持ち主に人は育てられない。人材育成とは、ある意味ではリーダーシップをとることである。人を育てるのは取引ではない。見返りを期待することなく、惜しみなく与えることなのだ。

十九世紀の経済学者ヘンリー・ドラモンドは賢明にも、「人生を振り返ってみると、心から生きがいを感じたのは、愛情に突き動かされて行動した時だ」と述べている。

❖成長を加速させる〝チャンス〟を与える

指導している相手が力をつけてきたら、成長を加速させるための機会を与えること。様々な経験・知識が蓄積していくことで、最終的に自分の判断で動き、確かな業績を上げる人材に育つはずだ。

❖目標設定は高く

人材育成の究極の目的は、彼らがより高いレベルを目指し、持てる力をいかんなく発揮することだ。手を差し伸べた分だけ、その人の「成長の礎《いしずえ》」となるのである。

ウォルト・ディズニーは、世界には三種類の人間がいると言った。

最初は、「井戸に毒を入れる人」。人のやる気をなくさせ、創造性に水を差し、できもしないことばかり言う人。

二番目は、「芝を刈る人」。悪気はないのだが、自分のことしか頭にない。そのため、自分の家の芝はきれいに刈るが、人の家の芝刈りを手伝おうとはしない。

最後は、「人を育む人」。彼らは積極的に人々の人生をよりよいものにしようとする人だ。彼らは精神の高揚とひらめきを人々に与える。

もちろん、あなたが目指すべきは、三番目の「人を育む人」である。

カリスマの「求心力」③

信頼を勝ち取る

「期待」をかけ、発奮させよ

Becoming a Person of Influence

大自然の驚異、ナイアガラの滝を知らない人はいないだろう。

ナイアガラとは、イロコイ・インディアンの言葉で「水の雷鳴」という意味である。その眺めは荘厳そのものだ。アメリカ側、カナダ側を合わせると、滝の幅は九百四十五メートルに及び、膨大な量の水が五十五メートルの高さから流れ落ちる。まさに、大自然の驚異と呼ぶにふさわしい。

このナイアガラの滝をめぐる命知らずの離れ業の話はいくつもある。たとえば、樽に入って滝壺に飛び込んだアニー・エドソン・テイラーとか、そういう連中だ。

しかし、何といっても一番の伝説は、フランスの軽業師シャルル・ブロンダンだ。

彼は一八五九年にナイアガラの滝に綱を渡して、それを渡った。落ちれば死ぬのだから、鋼鉄のような神経の持ち主だったに違いない。

実は、彼は何度か滝を綱渡りで渡っている。一度は一輪車、一度は目隠しで、そして一度は竹馬を使った。そして、七十歳を過ぎても綱渡りをやめることはなかった。

なかでももっとも驚くべき偉業は、人を背負ってナイアガラを綱渡りで渡ったことだ。全く想像を絶している。おそらく、自分一人で滝を渡るだけでは飽き足らなくなってしまったのだろう。

もちろんブロンダンにとって困難をきわめることではあったろうが、一番知りたいのは

「いったい誰が彼の背中に乗ったのか」である。世界有数の巨大な滝の上に渡したロープの上を六百メートル以上も歩いて渡ろうという男の背中に乗るなど、並大抵のことではない。

ブロンダンにおぶわれて滝を渡ったのが誰かはわからないが、このフランス人軽業師を心から、命を預けてもいいと思うほど信頼していた人物であることに疑問の余地はない。

期待をかけると〝期待以上の成果〟が返ってくる

人を信頼する力は、人を動かすために欠かせない資質だ。

人を動かすのに、自分の力を誇示する必要はない。相手に温かい言葉と期待をかけ、その人自身が自分の価値に目を向けることが大切だ。

人はいつでも「相手の期待」に応えようとする。

相手を信じ、「必ずよい結果を出せる」と信じれば、人並み以上の努力をしてくれるだろう。逆に、相手の能力に疑いの念を持っていれば、相手は平凡な結果しか出してこないはずだ。

これはつまり、「信頼されているから、才能は開花し、成功の確率が高くなる」と言い換えられる。「人を信じるなんて愚か者のすることだ」と思っている人は、今すぐ考え方を改めるべきである。

人を信じるとは、相手への最高のプレゼントだ。

お金や物を渡せば、すぐに使ってしまうかもしれないし、最大限に活用してもらえないこともある。しかし、相手を信じることで、相手は自信とやる気と自律性を持つようになり、自分の力で成功に必要なものを手に入れようとする。

そうなった時に初めて、資金面、資源面の支援が生きてくるのだ。

人を信じるといっても、単に言葉だけ、あるいは好意的に接するだけでは不十分だ。何よりも行動で示さなくてはならない。リーダーの立場であれば、それは「後ろ盾」になるということである。

ポイント・ロマ大学の宗教学の名誉教授であるW・T・パーカイザーは、「信じるとは、それが真実だと思うだけではない。信じるとは、それが真実だと思い、それに従って行動することだ」と明言している。

人々を助け、彼らの人生によい影響を与えたいなら、相手に全幅の信頼をおいて接することが必要だ。

ラルフ・ウォルド・エマーソンは、「信じれば、相手は誠実に応えてくれる。優れた人間と認めれば、優れた資質を示してくれるだろう」と言っている。

期待されれば、はじめは頼りなくて、経験のない人であっても、みるみるうちに才能を開花させることだろう。

✷〝成功への確信〟を持たせる6つのアドバイス

そこで、人を信じる力を鍛え、相手の自信を引き出すために何をすればいいか、六つの助言をしよう。

1 相手の「秘められた力」を信じる

スポーツの世界では、チームが順調に勝ち始めると、急に応援する人が増えることがある。人はみな、勝者が好きだからだ。

すでに実力を証明した人を信じるのは簡単だ。**本当にむずかしいのは、まだ実力のほどがわからない人を信じられるかどうかだ。**

まだ成功もしていないどころか、本人でさえ自信が持てないでいるうちから相手を信じるにはどうしたらいいのか。

そこで、第一次世界大戦の英雄、フランスの陸軍元帥フェルディナン・フォッシュが掲げたモットーを紹介したい。

「絶望的状況というものはない。あるのは、自分に絶望した男と女がいるだけだ」

どんな人にも何かしら素晴らしいところがあるものだ。ただ、今はまだそれが表に現われてきていないだけなのかもしれない。

そして、人を信じるとは、種に水をやるように「秘められたもの」を育てることでもある。相手を信じるたびに、命の糧である水と温度と栄養と光を与えていることになる。

相手を信じ、常に勇気を与えてやれば、やがてその人は大輪の花を開かせることだろう。

2 短所より「長所」に光を当てる

人を動かすには、「権威」を持って、その人の欠点を指摘しなければならないと勘違いしている人が多いことはすでに述べた。

チャールズ・シュルツの人気漫画『ピーナッツ』に登場するルーシーは、まさにそのタイプと言える。たとえばこういう具合だ。ルーシーが、どじなチャーリー・ブラウンにこう言う。

「チャーリー・ブラウン、あんたっていう人は、人生におけるライナー性のファウルボールよ。自分のチームのゴールポストの陰にいるようなもの。完全なミスキック！　あんたって人は失敗したフリースロー、九番アイアンのミスショット、スリーストライクのコール！　わかった？　私の言いたいことわかってるの？」

とてもじゃないが、こんな助言では人生を好転させられるわけがない。

「人を動かす」ことに長けた人は「自分は君を信じている」と相手に伝え、その人の長所に注目して、やる気に火をつける。

公私を問わず、いい結果を出した相手には、称賛の言葉を贈ること。そして、その資質やスキルの素晴らしさをどんなに高く評価しているかを伝え、家族や友人の前でその人を誉めるチャンスがあれば、どんどん誉めることだ。

全米屈指の広告代理店の創立者、ブルース・バートンは、「どんな状況にあっても、自分の力で乗り越えられると信じた者だけが、優れた業績を達成できる」と言った。

長所に注目すれば、相手は「自分には成功するために必要なものが備わっている」と自信を持てるのだ。

3 〝存在意義〟を認め、〝過去の実績〟を思い出させる

長所を誉めた上で、さらに自信を持たせるべき時もある。メアリーケイコスメティックス社の創立者メアリー・ケイ・アッシュは、こんなことを言っている。

「目に見えないけれど、みんな首から札を下げていて、そこには『私の存在意義を認めて』と書いてあるんです。人と仕事をする時は、このメッセージを絶対に忘れてはなりません」

誰もが、自分の存在意義を認めてほしいと思っている。人を動かすには、この気持ちに理解を示し、相手の過去の実績を思い出させるのも効果的だ。

聖書の中の物語を思い出してみよう。ダビデとゴリアテの話は、過去の実績がいかに自信を取り戻す助けになるかを示す格好の例と言える。

身長三メートルはあろうかというペリシテ人の戦士ゴリアテは、一騎打ちで勝負する奴はいないかと、四十日間にわたってイスラエル軍を愚弄し続けていた。

四十日目に、ダビデという羊飼いの青年が、イスラエル軍で戦っていた兄弟たちに食べ物を届けにやってきた。その時、ゴリアテがイスラエル軍に罵詈《ばり》雑言《ぞうごん》を浴びせるのを目の当たりにしたダビデは、怒り心頭に発し、サウル王に、巨人ゴリアテと戦わせてほしいと頼んだ。

ダビデはサウルに言った。

「このペリシテ人のことはご心配におよびません。あなたの僕《しもべ》である私が戦います」

それに対してサウルは、「お前はあのペリシテ人とは戦えない。まだ子供ではないか。それにひきかえ、相手は子供の頃からとても鍛えられている強者だ」と応じた。しかし、ダビデはサウルにこう言った。

「私は父の羊の番をしていますが、ライオンや熊が群れから羊をさらっていった時は、追いかけていって、その口から羊を助け出すのです。もしむこうが襲いかかってきたら、たてがみをつかんで、叩きのめしてやるんです。私はライオンも熊もこうして殺してきました……ライオンや熊の爪から私をお守りくださった神は、あのペリシテ人の手からも私をお守りくださるでしょう」


ダビデは過去の実績に自信を持っていたからこそ、巨人ダビデにも恐れず立ち向かえたのだ。そしてご存じのように、ダビデは石と投石器だけで巨人を倒したのである。ダビデがゴリアテの首を取ると、イスラエル軍の士気は高揚し、ペリシテ軍を撃退した。

皆が皆、ダビデのような自信家であれば問題ないが、自分の過去の実績を過小評価している人も多い。人を動かすためには、その実績を認め、相手を勇気づけることが欠かせないのである。

4 〝失敗経験〟を話して聞かせる

自分の才能にどんなに自信がある人でも、人生においては失敗と無縁ではいられない。失敗した時、選択肢は二つある。あきらめるか、さらに先に進むか。

なかには、すぐに気を取り直し、たとえすぐに結果は出なくても、努力を続ける人もいるだろう。しかし、そこまで意志の強くない人もいる。最初のトラブルを予感したとたんに、つぶれてしまう人もいるのだ。

そして、人を導く立場にある人は、**たとえ相手が間違いを犯し、よい結果が出せなかった時でも、絶えず信頼感を示さなければならない**。

その一つの方法は、あなた自身が過去に経験した失敗やトラブルについて話して聞かせることだ。

人は、成功者ははじめから成功者で、失敗とは無縁だと思いがちで、自分より上にいる人間に失敗の経験があるとは思わないものだ。人を動かすには、成功とは「目的地」ではなく、そこに到る旅、その道程であることを教えなければならない。

ベーブ・ルースは「三振を恐れるな」と言ったが、あなたもこの精神を伝えていかなければならないだろう。

59 「期待」をかけ、発奮させよ

5 「必ず勝ち組になる」という信念を植えつける

失敗は不可避だと理解するだけでは十分とは言えない。成功に向かって邁進するには、「いつかは勝ち組になる」という信念が必要だ。

私は、まだ子供の頃から、勝ち組についていきたいと思っていた。

幼い頃、私は二歳半年上の兄ラリーに憧れていた。両親を除けば、幼い私の人生に最大の影響を与えたのは兄だろう。ラリーはリーダーとしても、スポーツマンとしても優秀だった。バスケットボールであれ、フットボールであれ、野球であれ、近所の子供たちと遊ぶ時は、いつもラリーがキャプテンだった。

チームのメンバーを決める時、私はたいてい後回しにされた。近所の子供の中では一番小柄だったからだ。しかし大きくなるにつれ、ラリーは私を自分のチームに入れてくれることが多くなり、私はそれが得意だった。それは、兄が私のことを気にかけていてくれたというだけでなく、兄のチームに入れば勝つことが多かったからだ。

兄は大変な負けず嫌いだった。やるからには「徹底的にやる」ので、たしかに勝つことが多かった。兄と私は何度も勝利をものにしたものだ。そして私は兄と同じチームで戦う時は、きっと勝つと思うようになった。

勝利は重要な動機づけの一つである。小説家デヴィッド・アンブローズも、このことを認めている。

「勝とうという気持ちがあれば、半分成功したも同然である。もしそういう気持ちがないのなら、半分失敗したようなものである」

勝利を予感するか、敗北を予感するか——人生においてこの差は決定的だ。

勝利を予感できれば、成功のための犠牲をいとわなくなる。勝つための道を探し、エネルギーが満ち溢れる。作戦に従って行動し、他のチームメンバーを助ける。

敗北を予感すると、できるだけ手を抜こうとし、言い訳を考えるだろう。作戦を放棄し、お互いにいがみ合う。

「小さな成功体験」を積み重ねることで、人は勝利への確信を手に入れる。リーダーは部下に仕事を任せ、必要なら助けの手を差し伸べること。ギリシャの弁論家デモステネスも、「小さなチャンスは、しばしば大事業の始まりである」と言っている。

自信が深まれば、さらに困難な課題にも自発的に挑戦するようになる。それが実績となり、自信となって、能力を発揮することにつながるのだ。

6 〝希望〟が持てるヴィジョンを示す

興味深い実験を紹介しよう。

水の入った瓶にラットを入れ、部屋を暗くする。力尽きて溺れるまで、何分間泳ぎ続けられるかを計測したところ、ラットが泳いでいたのは三分程度だった。

次に、水の入った瓶を暗闇ではなく、光の当たるところに置いて、同じようにラットを入れた。明るいところでは、なんとラットは三十六時間も泳ぎ続けた。暗闇の場合と比べると、七百倍以上の長さだ。

ラットは周囲が見えている間は、希望を持ち続けていたのである。

実験室の中のラットでさえそうなのだから、人間にとって、視覚化した希望の効果は絶大なものになるはずだ。

人間は、四十日間食べなくても生きられると言われている。また水がなくても四日間、空気がなくても四分間生きられる。しかし、希望がなければ、四秒と生きていられない。

未来の展望、輝かしいヴィジョンを描いてみせれば、人々は勇気を出して立ち上がるだろう。そしてなぜ前進し続けるのか、その理由を知ることになる。

カリスマの「求心力」④
耳を貸す

「心の声」を汲み取れ

Becoming a Person of Influence

もし、これから企業の面接を受けに行くとしたら、どういう能力が一番重要になるだろう。誰にも負けない履歴書を書く力か、自分を売り込む営業力か。それともカリスマ性だろうか。

面接でなくても、見込みのある新規顧客や新しいプロジェクトのメンバーを、あなた自身が見つけなければならないこともある。その時、どのようなスキルが必要になるだろうか。

洞察力？　それとも才能を見抜く目？　ヴィジョンを示し、みんなをやる気にさせる力？　はたまた押しの強い交渉力？

また、会社のために新しい企画を提案しなければならない時は、どういう資質が必要とされるだろう。創造性？　知性？　高等教育？　一番必要とされる能力は何だろうか。

✴一瞬にして人を味方につける〝傾聴力〟

どのような仕事に就いていようと、どのような立場にあろうと、絶対に必要なスキルが一つある。それは才能でも洞察力でも愛嬌でもない。

「人の言葉に耳を傾ける」能力である。

人の話を聞くことの大切さと言われても、すぐにはピンとこない人もいるだろう。ここで、この本の共著者であるジムの経験を紹介しよう。

ジムは大学の工学部を卒業すると、大企業に就職した。上級設計部門に配属されると飛行機の性能に関する風洞実験やコンピュータ・シミュレーションを担当した。

しかし、すぐにこの会社は一生いるようなところではないと気がついた。同僚の中には二十年間も勤めているのに、何一つ進歩が見られない人が何人もいた。彼らはマンネリに陥り、退職記念の金時計をもらうのを待っているだけだった。しかし、ジムは広い世界に羽ばたきたいと思っていた。

そこで、新しいビジネスチャンスを探し始め、これだというものを見つけたので、新しい仲間を集めることにした。仲間集めの戦略は、巨大な社員食堂で、いろいろな人に話しかけ、誘い込むというものだった。

一人で食事をしている、頭の切れそうな人の隣の席に座ると、やおら話し始める。はじめの頃は、情報と圧倒的な事実をこれでもかとばかりに提供し、反論する隙も与えずに、相手を説得しようとした。

しかし、何人かは話を聞いてくれたが、あいにく誰とも発展的な関係を築くことはできなかった。

こんなことを数カ月間続けたが、ほとんど成果はなかった。

そんなある日、他の部署の人と上司の愚痴や、家庭の悩みについて話していた時のことだ。一番上の子供は歯列矯正をしなければならないし、ポンコツ車はいまにも壊れそうだというのに、経済的に余裕がないというのだ。彼は気の毒になって、もっと詳しく話を聞きたいと思った。

そしてその時、ジムは「自分ならこの人を助けられる」ことに気がついた。仕事で行き詰まっている上に、経済的にも問題を抱えている。この二つを解決するためには、彼自身がビジネスを始めればいいのではないか。

そこでジムは自分が温めていたビジネスプランを話し、もしかしたら助けになれるかもしれないと話した。すると、彼は真剣に話を聞いてくれた。

その日、ジムは気がついた。

いくら情報があっても、人を説得することはできない。相手の言い分、心の声に耳を傾けることができて初めて、いい関係も築けるし、人を動かせるのだ！

＊一人でしゃべりまくっている間は、誰もついてこない！

エドガー・ワトソン・ハウ（米国の文筆家、ジャーナリスト）の、「次は自分の番だとわかっていれば、相手の話にも耳を貸そうという気になる」という言葉が示すように、「人の話を聞いているほど暇じゃない」という態度の人が多すぎる。これではコミュニケーションが取れるはずがない。

しかし、人の心をつかむ人は、聞く技術を磨くことがいかに大切かをよく知っている。たとえばリンドン・ジョンソン第三十六代米国大統領は、テキサス州から初めて上院議員に選ばれた時、オフィスの壁に**「一人でしゃべりまくっている間は、何も学べない」**という標語を掲げていたし、第二十八代米国大統領ウッドロー・ウィルソンは、「指導者の耳には国民の声が響かなければならない」と言っていた。

聞く技術を磨けば、味方が増える。次に相手の話を聞くことの重要性について、さらに詳しく見ていこう。

❖〝相手の真意〟を汲み取るから、〝自分の真意〟も伝わる

「相手の言うことに耳を貸さない」とは、そもそも「相手の価値を認めていない」というメッセージに他ならない。だから、相手の話を聞くことは、敬意の表明でもある。ドイツ生まれの哲学者ポール・ティリッチが言うように、「愛の本分は聞くこと」なのだ。

コミュニケーションを取ろうとする時、多くの人が自分を強く相手に印象づけようとして失敗する。自分をかっこよくて、頭の回転も速く、おもしろい人間に見せようとするのだ。

しかし、**こちらの真意を伝えたければ、まずは「相手の真意」をよく知ることだ**。まず自分が相手に興味を持つべきであって、相手に自分を印象づけ、気を引こうとするべきではない。

ラルフ・ウォルド・エマーソンも、「私が出会ったすべての人はある意味では私より優れており、何かしら学ぶべき点があった」と言っている。

どんな相手からも学ぶべきことはあると思っていれば、コミュニケーションを取るのはむずかしいことではない。

❖大人物は「聞いてばかり」、小人物は「話してばかり」

『人を動かす』の著者、デール・カーネギーは、こう忠告する。

「二週間だけ、人の話に耳を傾ければ、二年間かけてみんなの気を引き、ようやく得た友達よりもたくさんの人と友達になれる」

カーネギーは、驚くほど人間関係の機微に通じていた。彼に言わせると、自己中心的で、自分のことしか話さない人が、他の人と親密な関係を築くことはまずない。ダビッド・J・シュワルツは、『大きく考えることの魔術――あなたには無限の可能性がある』の中で、こう言っている。

「大人物と言われる人は、人の話を聞いてばかりいる。小人物と言われる人は、自分が話してばかりいる」

相手との関係を強固で深いものにするには、とにかく一心に「話を聞く」こと。相手が何を必要としているかを理解することである。

作家C・ニール・ストレイトが指摘するように、「すべての人は、自分の言うことに心から耳を傾けてくれる人を必要としている」のだ。人を動かすには、相手の「言い分」をじっくり聞くことだ。

❖耳をすますほど〝価値ある情報〟が飛び込んでくる

ウィルソン・ミズナー（二十世紀初頭の米国の脚本家）は言っている。

「よき聞き手はどこでも人気者で、いつの間にかいろいろなことを知っている」

真剣に人の話を聞こうと心を決めたとたんに、友人や家族、仕事、会社、そしてあなた自身について、多くの価値ある情報が飛び込んでくるだろう。ところが、誰でもこの恩恵に浴せるわけではない。

たとえば、あるテニスのプロ選手が初心者にレッスンをしていた時のことだ。その初心者が何度かスイングするのを見たプロ選手は、うまく打つためのアドバイスをいくつかした。

ところが、アドバイスをするたびに、その人はプロ選手に反論し、意見を述べるのだった。そういうことが何度か続くと、プロ選手は黙ってうなずくだけになった。

レッスンが終わって、それを見ていた女性が「先生、あののぼせ上がったお調子者にどうして調子を合わせたりするんですか」と尋ねた。

プロ選手はニッコリ笑って、こう答えた。

「長い間の経験から、自分の言ったことの〝こだま〟しか聞こえない人には、いくら正しい答えを教えようとしても時間の無駄だとわかったからですよ」

自分は何でも知っていると思い込むのは危険だ。**自分のことを「エキスパート」だと思っていたら、さらに成長し、新しいことを学ぶのはほとんど不可能に近い。**偉大な指導者と言われる人は、例外なく偉大な聞き手である。

権限が大きくなればなるほど、人の話、特に部下の報告に耳を貸さなくなるという間違いを犯す人が多い。たしかに、地位が高い人ほど、人の話を聞かなくても文句を言われなくなる。

だからこそ、地位が上がれば上がるほど「上手に聞く」スキルを磨かなければならない。なぜなら、現場から遠ざかれば遠ざかるほど、信頼できる最新の情報は人を介してしか入らなくなるからだ。人の話を聞くスキルが活用できなければ、成功するために不可欠な情報を集めることはむずかしい。

人の話が耳に入ってこなくなった時は、あなた自身の心が閉ざされていないかどうか、考えてみることだ。

❖相手の話から〝斬新なアイデア〟が次々と生まれる

斬新なアイデアは、問題解決への新しい切り口になったり、大ヒットにつながる新商品の開発につながったりする。ギリシャのプルタルコス（帝政ローマ初期に活躍したギリシャ人伝記作家）も、「人の話を聞くのが巧みであれば、人の悪口からでも得るところがある」と考えていた。

斬新なアイデアを次々と打ち出している企業といえば、スリーエム社がまず頭に浮かぶ。この会社は、他のメーカーと比べて新製品を開発するスピードが速い。その秘密は、社員のアイデアを積極的に汲み上げ、客の意見に耳を傾けていることにある。

実際、スリーエム社のあるセールスマンは、「製品のアイデアの源」は客からの苦情だと言っていた。

優秀な企業は、社員の話をよく聞くと言われている。全米トップクラスのレストランチェーン、チリズのメニューの八割近くは、店長クラスの社員のアイデアによって開発されたものだ。

人の話をよく聞く人が、アイデアに涸渇することはない。

自分の意見を言う機会を周りに与え、先入観なく耳を傾けること。そうすれば、必ず新しいアイデアが次々と生まれてくるだろう。たとえ役に立たないアイデアでも、それに触発されて誰かが独創的なアイデアを思いつくかもしれない。

値千金のアイデアを部下が懸命に話していても、あなたが喜んで耳を傾けない限り、聞き逃してしまうものなのだ。

❖傾聴レベルが上がるほど〝求心力〟がつく

あなたが人の話を聞かないでいると、おもしろいことが起きる。みんな、誰か他の人に話を聞いてもらうようになるのだ。部下や妻（夫）、同僚、子供、友達も、話を聞いてもらえないとわかると、さっさとよそで話を聞いてくれる人を見つけてくる。

その結果、友情が失われたり、職場の統制が取れなくなったり、子供が非行に走ったり、結婚が暗礁に乗り上げるといった危機的な結果を招くことになる。

反対に、上手に人の話を聞くスキルがあれば、人を引きつけることができる。

精神科医のカール・メニンガーの言うように、「自分の話を聞いてくれる友達には引力があり、いつも近くにいたくなる」。

人間は例外なく、自分の話を聞いてくれる人に引きつけられるものだ。そのため、常に人の言葉に耳を傾け、人の意見を正しく評価していれば、誰もあなたを裏切ることはないだろう。たとえ地位や肩書きといった権威がなくても同じことである。

聞き上手な人は相手との強い絆を築き、貴重な情報を手に入れ、人間をより深く理解できるようになるのだ。

✴〝言葉以外のメッセージ〟まで聞き取る秘訣

では、次に相手の話を聞く時に犯しがちな間違いについて見ていくことにしよう。

❖ベストバランスは「話す」35％、「聞く」65％

相づちのことを「感嘆符と感嘆符の間に割り込んでくる無礼な中断」と書いている漫画を読んだことがある。人の話を聞くことに対する人々の態度は、これと似たり寄ったりだろう。

たとえば、コミュニケーション・スキルを向上させる方法はと問うと、ほとんどの人は説得力のある話し方、人前での話し方に磨きをかけると答える。「聞く力」に磨きをかけると言う人はいない。

セールスマンのように〝人間関係がすべて〟というような人も含め、多くの人が話すことを過信し、相手の話を聞くことをおろそかにしている。しかし商談に成功するセールスマンは、例外なく客の話を真剣に聞いている。

コミュニケーションに長けた人は、「話す」と「聞く」のバランスに気を配っている。米国史上、指折りの優れた指導者で、コミュニケーションの達人だったリンカーン大統領は、「人とじっくり話し合う前に、三分の一の時間を自分自身と、自分がこれから言おうとしていることについて考え、残りの三分の二は相手と、相手が言おうとしていることについて考えていた」という。

これはいい配分だと思う。**自分がしゃべる時間の倍の時間をかけて、相手の言葉に耳を傾けること。**

❖言葉にならない〝本心〟を聞く

エネルギッシュな人にとって、落ち着いて相手の話を聞くのは大変かもしれない。

通常、人間は一分間に百八十語を話すことができるが、聞くとなると、一分間に三百から五百語は聞き取ることができる。だから、話を聞いている間に、つい関係ないことを空想したり、その日の予定を確認したり、今日は何をすることになっていたかを考えたり、他の人を眺めたりする。

それは自動車を運転しながら景色を見たり、飲み食いをしたり、会話したり、ラジオを聞いたりするのに似ている。

だから、人の話を聞く時には、神経を集中して、相手にエネルギーと注意を向けるべきである。ボディランゲージも見逃してはならない。顔の表情を観察し、目の動きに注目すること。

経営学の神様ピーター・ドラッカーは、「コミュニケーションで一番重要なのは、言葉以外のメッセージを聞くことである」と言っている。

相手を注意深く観察し、相手の言葉をどう解釈するかにエネルギーを注ぐなら、「聞くスキル」は劇的に向上するだろう。

❖いつも〝ベストコンディション〟で相手と向き合う

レーガン元大統領は、年輩の精神科医と若い精神科医についてのおもしろい話を披露している。二人は、職場では常に服装に一分の隙もなく、きびきびしていた。しかし、診療時間も終わる頃になると、若い先生は疲れてよれよれになっていた。年輩の先生は元気そのものだった。

とうとう若い精神科医は先輩医に尋ねた。

「どうすればそんなことができるんですか。一日中患者の話を聞いても、そんなに涼しい顔でいられるなんて」

年輩の医者は答えた。

「簡単ですよ。話を聞かなければいいんです」

人の話を長い時間聞いていると、疲れるものだ。ほんのわずかであっても、疲労感は聞く力を低下させる。

こんな話もある。八十九歳の耳がよく聞こえないおばあさんが、医者の診察を受けた。診察を終えた医者は「よく聞こえるように、いい治療法がありますよ。手術はいつがいいですか」と尋ねた。するとおばあさんは、「これ以上聞こえなくてもいいんです。八十九年間もいろいろなことを聞きすぎましたからね」と答えた。

疲労感や悩みがあると、話の要点をもらさず集中して聞くには、普段の倍、エネルギーが必要だと覚えておこう。

❖〝ゆがんだフィルター〟は取りはずす

固定観念は、人の話を聞く時に大きな障害になる。固定観念があると、話し手が実際に言っていることではなく、「こう言うに違いない」とこちらが期待していることしか耳に入らなくなる。

そんなことはないと思っている人は多いが、程度の差こそあれ、実際には誰もがこうした罠に陥っている。

　自分の心の中にあるフィルターを通すことによって、特定の言葉に対して耳を閉ざしてしまう人は多い。過去の経験が人生観に色濃く影を落としているのだ。

　マーク・トウェインは言う。

「熱いストーブの上に座ってしまったことのある猫は、熱いストーブの上には二度と座らないし、火のついていないストーブの上にも決して座ろうとしない。それ以後、猫はストーブを毛嫌いするようになる」

　あなたは人の言うことを、フィルターを通してしか聞いていない可能性がある。

　特定の話題が気になってしかたがなかったり、特定のテーマになると身構えてしまったり、自分の考え方を人に押しつけがちであったりするのならば、過去の忘れがたい経験と折り合いがついていないからだ。人の話をきちんと聞くためには、まず自分自身の問題と向き合わなければならない。

　フロイトの言う「歯の痛い人は恋することができない」とは、歯が痛いと、それ以外のことに気持ちが向かないという意味である。

　それと同じように、心に何かが引っかかっていると、人の言葉を素直に聞くことができない。

✴驚くほど相手が心を開く「8つの聞く技術」

ある研究者によると、私たちは平均的な一日の大半を「聞くこと」に費やしているという。

その内訳は次のようなものだ。

九％は書くことに
一六％は読むことに
三〇％は話すことに
四五％は聞くことに費やされる。

ことほどさように「聞く」ことは大切なのだ。だが、「聞く」ことの意味は何だろう。その答えは、ある高校での音楽鑑賞の一場面から知ることができる。

先生が生徒に、「聴く」と「聞く」の違いを説明するように言った。最初のうち誰も答えようとしなかったが、そのうち一人の生徒が手を上げた。生徒は指されると、こう答えた。

「『聴く』は、『聞きたい』と思うことです」

この答えは、なかなかいいところを突いている。よい聞き手であるためには、相手の言うことを「聞きたい」という気持ちが必要である。しかし、それ以外にもスキルが必要だ。次に紹介する八つのスキルは、聞く力を磨くのに役立つだろう。

1 目の前の相手に集中する

すべては、全面的に相手に注目することから始まる。他の仕事をしながら、あるいは書類をパラパラめくりながら、皿を洗いながら、テレビを見ながら人と話すのは感心しない。その時間は、すべてをその人のために使うべきである。その時間がないなら、いつなら時間が取れるのか、すぐにスケジュールを立てよう。

2 口を挟まない

自分が話している時に、口を挟まれると嫌な気がするものだ。相手のことを無礼な奴だと思う。『上手な聞き方』の著者ロバート・L・モンゴメリーが言っているように「人のアイデアをないがしろにするのは、人の足を踏むのと同じぐらい失礼なこと」なのだ。
人の話に口を挟みたくなるのには、いくつかの理由がある。

◇人の言うことなど、どうでもいいと思っている
◇自分の知性、きらめく直観をアピールして、相手を圧倒しようと思っている
◇興奮のあまり、相手の話を最後まで聞いていられない

自分には、よく人の話に口を挟みたくなる傾向があると思ったら、そんなことをする理由を明らかにし、自分を変えること。周りに自分の意見を言う時間を与え、四六時中、自分がしゃべっていなければ気がすまないという態度を改めてほしい。みんなが黙っている間に、今聞いたことについて考え、適切な反応をするようにすることだ。

3　「話の内容」より「人物」の理解に努めよ

人間は、聞いた話を聞いた先から忘れていく傾向がある。ミシガン州立大学、オハイオ州立大学、フロリダ州立大学、ミネソタ大学等の研究結果によると、人から話を聞いた直後でさえ、ほとんどの人は話の内容を半分も覚えていないという。当然、時間が経てば経

つほど、記憶はますます薄れ、翌日には、二五%しか覚えていない。

この傾向に歯止めをかけるには、ただ聞いたことを事実として記憶するのではなく、自分なりに理解するといい。『交渉ごとに強くなる法』(川勝久訳、三笠書房刊)の著者ハーブ・コーエンは、こう言っている。

「上手に人の話を聞くには、言葉だけを聞いていたのでは十分とは言えない。話の内容を知り、理解することが必要だ。要するに、意味は言葉にあるのではなく、それを発する人にあるということだ」

そこで、「人の話を聞き、理解する」ためのガイドラインを紹介しよう。

1 感情と理性のバランスを取りながら聞く
2 理解しようと思って聞く
3 メッセージそのものと、その裏に隠されたメッセージの両方を聞く
4 言葉の内容とそれに込められた気持ちを聞く
5 目で聞く——理解が深まるはず
6 話している本人だけでなく、第三者の利害関係を考えながら聞く
7 言っていることを聞く。言っていないことを聞いてはいけない

8 思いやりを持って、相手を受け入れる気持ちで聞く
9 話し手が恐れ、苦しんでいるところはどこかを聞く
10 「自分ならこういうふうに聞いてほしい」という感じで聞く

相手の立場に立てるようになれば、あなたの理解力も高まっていくだろう。理解力が高まれば、聞き手としての能力も向上していく。

4 男は「決断」、女は「共有」がキーワード

今、相手は何を必要としているかを見極める力は、優れた聞き手になるために不可欠だ。人が話をするのにはそれなりのわけがある。心の安らぎを得るため、息抜きをするため、説得するため、情報を伝えるため、理解するため、緊張をほぐすため……時には、あなたが思ってもいなかった理由から話しかけられることもある。

男と女はお互いに話が行き違って、対立してしまうことも少なくない。それは言葉を交わす時に、「相手が何を必要としているか」をしっかりと明らかにしておかなかったために生じることだ。

男はえてして問題の解決方法を話し合いたいと考える。彼らに必要なのは「決断」であ

る。ところが女は、ただ単に問題を共有したり「共感」してほしいと思っている。彼女たちは、決して解決策が欲しいわけではないのだ。

今、話をしている相手が何を欲しているかを判断するには、相手の求めていることを掌握する必要がある。そのほうが話を理解しやすくなるはずだ。

5 結論を急がない

相手が話し出して、その話が完結しないうちに自分が話し始めてしまったという経験は誰にでもあるものだ。しかし、結論を急いでも、「聞く力」は磨かれない。

こちらから話す時は、相手の話がすむまで待ってから、あなたの意見を言うべきだ。さもなければ、相手が一番言いたかったことを聞き逃してしまうかもしれない。

6 〝話の切れ目〟で要点をまとめる

話を聞く時は、積極的な姿勢で聞くのが望ましい。

マーケティングの専門家ジョン・H・メルチンガーは、次のように勧めている。

「聞いたことについて、あなたならではのコメントをすること。意味のあるコメントができるようになれば、話し手はあなたが聞いていることがわかり、さらに多くの情報を提供してくれることだろう」

相手に好感を持ってもらうには、話の切れ目で、それまでの話をまとめてみせることだ。

一つのテーマを語り終えた時、次に進む前に、そこまでの要点や見解を別の言い方でまとめ、正しくメッセージが伝わっていることを証明しよう。そうすれば、話し手も安心するし、話のピントがぼやけることがない。

7 〝適切な質問〟で相手の心を開く

一流のレポーターと言われる人たちは、優れた聞き手でもある。たとえばバーバラ・ウォルターズ（米国初の女性ニュースキャスター）は相手を見て、理解することに集中し、判断を急がず、その人の言わんとすることをまとめていく。そして、さらに情報を引き出し、理解を深めるために彼女は「適切な質問」を投げかける。

優れた聞き手になるには、適切な質問ができる人（マイクを突きつけて、質問を次々と浴びせるようなレポーターではなく、話をわかりやすくするための質問をもの静かにする人）にならなければならない。

相手に対する心遣いを見せ、怯えさせるような聞き方をしないようにすれば、相手は驚くほど心を開いて語ってくれるものだ。

8　どんなに忙しくても「聞く」ことを最優先する

聞く技術に磨きをかけるために、最後に忘れてならないのは、どんなに忙しくても、またどんなに組織内での地位が高くなっても、聞くことを最優先することだ。

ウォルマートの創始者で、全米一の富豪でもあったサム・ウォルトンは、重役としてどんなに忙しくても、人の話を聞くことに時間を割いていた。

人の話、なかでも従業員の話は聞く価値があると信じていたからだ。ある時など、自家用飛行機でテキサスのある町まで飛び、副操縦士に百六十キロほど離れた別の町で拾ってくれと指示した。彼自身はそこからウォルマートのトラックに乗り込み、ドライバーとおしゃべりしながら移動した。話を聞くことには、それだけの価値があるのだ。

「人の話を聞く力」は誰にでも備わっていると思われがちだ。聞くなんて簡単だし、自分は聞き上手だと思っている人は多い。たしかに、ただ人の話を聞くだけなら誰にでもできるが、本当の意味で「聞く」ことができる人は、それほど多くないのである。

カリスマの「求心力」⑤

理解を示す

「相手の立場」に立て

Becoming
a Person of Influence

人を理解する力は、求心力のある人になるために、もっとも必要な資質の一つである。仕事に限らず、あらゆる局面で、人生をプラスの方向へと導いてくれる。

たとえば、小学校に上がる前の子供に手こずっている母親にとっても、子供の本質を理解しているか否かは重要なポイントだ。次の文章を読んでほしい。

四歳の息子を家の中に残したまま、私はゴミを捨てに外に出ました。戻ってきて、家に入ろうとすると、ドアにはカギがかかっています。息子にドアを開けさせるには、きっと一時間ぐらいすったもんだすることになるだろうと思った私は、悲しそうにこう言いました。「あら、どうしましょう。あなた、もう家から出てこられないわよ」。すると、玄関のドアはすぐに開きました。

人を理解できるようになれば、コミュニケーション能力は格段に向上するだろう。

医学博士で、ペンシルバニア大学の精神医学の教授デヴィッド・バーンズは、こう言っている。

「相手を納得させようと思うと、ついつい真っ先に自分のアイデアや思いを伝えようとしてしまう。しかし、相手が求めているのは、自分の言うことに耳を傾け、意見を尊重し、理解してもらうことなのだ。自分が尊重されているとわかった瞬間、人の意見も理解してやろうという気持ちになる」

人を理解できれば、つまり相手の考え方、感じ方、ひらめき方、行動・反応のしかたなどがわかれば、その人のやる気を引き出し、才能を開花させることができるのだ。

〝不必要なトラブル〟を回避するいい方法

人に対する理解の欠如は、不必要なトラブルの原因になる。ある弁護士は、「論争や対立の半数は見解や意見の相違ではなく、理解不足から生まれる」と言っている。互いを理解し合うよう心がけるだけで、裁判所に駆け込む人の数も、暴力沙汰や離婚も減り、毎日のストレスも劇的に軽減されるだろう。

しかし、言うは易く行なうは難しである。ここでは、その理由と対処法を挙げていく。

❖なぜ、多くの人が〝自発的〟にアイデアを出そうとしないのか

十七世紀の米国の開拓者、ウィリアム・ペンは、「理解できないからといって、相手を

蔑んだり、敵視したりしてはならない」というアドバイスを残している。ところが、それに反することばかりしている人が多すぎる。理解できない相手に出会うと、多くの人が恐怖を覚える。一度そうなってしまったら、恐怖を克服して相手を理解するのは不可能に近い。その後は悪循環に陥っていく。

不幸なことに、職場では従業員がリーダーに対して恐怖心を持つことが多い。労働者は経営者を恐れ、中間管理職は上級管理職の前では及び腰になる。

その結果、余計な疑いを持ったり、コミュニケーションの欠如や生産性の低下を招く結果になる。ユナイテッド・ホスピタルズ社の人事担当副社長、M・マイケル・マーコウィック博士は、なぜ社員が自発的にアイデアを出そうとしないのか、その理由を挙げている。

◇アイデアを出しても、却下されると思っている
◇同僚がアイデアに賛同してくれないと思っている
◇アイデアが認められても、自分の実績にはならないと思っている
◇上司がアイデアを脅威と感じるかもしれないと思っている
◇トラブルメーカーのレッテルを貼られるのではないかと思っている
◇自分のアイデアによって失敗したら、くびになるのではないかと思っている

91 「相手の立場」に立て

これらに共通しているのは「恐怖心」である。

周りにこんな思いをさせないように、ハリー・トルーマン大統領のアドバイスを送りたい。

「相手の立場を理解するほど、ほとんどの人が全力で最善を尽くそうとしていることがわかる」

❖〝自分に都合のいい視点〟ではなく〝相手目線〟に立つ

「利己主義」が他者を理解する時の足かせになることが多々ある。

すべての人が自己中心的なわけではないが、元来、人間は己の利益を第一に考える生き物なのだ。二歳の子供と遊んでみれば、それがいやというほどわかるだろう。お気に入りのおもちゃを手放そうとはせず、わがまま放題だ。

生まれつき身についている利己主義を克服するには、相手の目線でものを見るようにすることだ。セールスマン育成やチームづくりのエキスパート、アート・モーテルによれば、「チェスをしていて負けそうになると、私はいつも対戦相手の後ろ側に回って、駒の動きを見る。すると、自分の指した手がいかに的外れだったかがよくわかる」。

つまり、セールスマンのやるべきことは、客の立場に立って世の中を見ることなのだ。セールスマンに限らず、どういう仕事でも、すべての人が〝自分に都合のいい視点〟を克服しなければならない。

❖「組織としての強さ」は多様性で決まる

利己主義を克服した後に必要なのは、**他人の個性を認め、尊重することだ。**先入観をなくして、自分とは違う相手の個性を評価しよう。**あなたにはない才能を持っている人がいるから多様性が生まれ、組織としての強さが生まれる。**

もし文化的背景の異なる人がいれば、見聞を広げ、学ぶべきことを学べばいい。新しく得た知識を通して、新たな人脈も構築できる。また性格の違いも大切にしよう。様々な人がいるからこそ、人間関係は興味深い展開を見せるのだ。

たとえば、私は血気盛んで楽観的、楽しいことが大好きな性格なので、決定を下すのが早い。一方、私のビジネス・パートナーの一人であり、本書の共著者であるジムは、もの静かな冷静沈着タイプなので、ものごとをよく考え、情報処理がうまい。何か決定しなければならない時は、できるだけたくさんのデータを集め、最善の決断をしようとする。

私たちは、一人でもうまくやっていけるが、二人が一緒になれば、もっといい仕事ができる。

「相手は、自分とは違う」と理解できれば、自分が相手にかける言葉や激励に対する受けとめ方が一人ひとり違うことがわかるはずだ。

キンレー社の社長、ジョセフ・ベックもそのことに気づいた一人だ。彼は言う。

「ひと口に志気を高めるといっても、どうすればやる気になるかは人によって違う。これはいつも肝に銘じている。たとえば有能な監督なら、選手の能力を引き出すには、励ますべきか、どやしつけるべきか、タイミングを心得ている。結局、励ましは全選手が必要としているが、どやしつけられないとダメなのは一部の選手だけだ」

❖「正論」を理路整然と並べたてるだけではダメ

相手への理解が深まると、お互いに共通点がいくつもあることに気がつく。たとえば、誰もが希望と恐れ、喜びと悲しみ、成功と失敗を経験している。

しかし、若い人ほど「こんなに苦しいのは自分だけで、このつらい気持ちはわかってもらえない」と感じるものだ。

たとえば、こんな話がある。

悩み多きティーンエージャーの女の子が、父親に相談に乗ってもらっていた。友達との軋轢《あつれき》、学校の勉強がむずかしいこと、先生との折り合い等々。まず、父親は客観的になるようにアドバイスした。そして「大変なこともたくさんあるだろうけれども、そんなに心配することはないよ」と諭した。すると娘は言い返した。

「パパはいいわよ。もうそういう問題とは縁がないんだから」

自分の身の回りで起こっていることに対しては、感情的な反応をしがちである。だから、**頭ごなしに正論を理路整然と言うのではなく、自分が相手と同じ立場に立ったらどうするかを考えてみるといい。**

こんな例がある。

珍しいチョコレートを量り売りする店があった。そこに、どういうわけか、一人だけ客が行列をつくる店員がいた。他の店員は手持ちぶさたになるほどだった。そのことに気がついた店の主人が、その店員にどういうわけか尋ねた。

「簡単なことですよ」と、彼女は言った。

「他の店員は、まずチョコレートを多めに入れて、そこから多い分を戻していますが、私は少なめに入れて、足りない分を足すようにしているんです。お客様は、私がお客様のためにできるだけたくさん入れていると思うんです」

✴〝頭角を現わす人物〟を次々育てる5つの習慣

相手が何を欲しているかを知ることは、その人を理解することにつながる。そしてその人を理解できれば、ぐいぐいとプラスの方向へと引っ張っていくことができるだろう。そのために、次の五つのポイントを押さえてほしい。

1「一目置かれる人物になりたい」気持ちをくすぐる

世の中に、誰にも認められなくていいと思っている人はいない。野心もなく、控えめな人でさえ、他人から高い評価を得たいと考えているものだ。

私にそうした感情が芽生えたのは、小学校四年生の時だった。

九歳の時、初めてバスケットボールの試合を見に行き、友達と体育館の二階席に陣取った。私が一番よく覚えているのは、試合そのものではなく、試合開始の時のアナウンスだった。明かりが暗くなったところに、いくつかのスポットライトが当たり、アナウンサーがスターティングメンバーの名前を読み上げる。選手が一人ずつフロアの中央に走り出てくるたびに、観客は拍手喝采だった。

二階席から身を乗り出しながら、私は「うわー、僕もやってみたい」と思った。実際、選手紹介が終わると、友達に向かって、「高校生になったら、僕もあんなふうに名前を呼ばれて、コートの真ん中でスポットライトを浴びるようになるよ。そしたらみんなが大騒ぎするんだ。だって僕はすごい選手だからさ」と言った。

その日の夜、家に帰ると父に「バスケットボールの選手になる」と宣言した。父はすぐにスポルディングのバスケットボールを買ってくれた。雪の日も、フリースローの練習をするために雪かきをしたものだ。なんといっても、私はすごい選手になりたかったからだ。

そんな夢が人間の人生に大きな影響を与えるとは、考えてみればおかしな話だ。六年生の時、校内のバスケットボール大会で勝ち進んだ私たちのチームは、四年生の時に試合を見に行った体育館で試合をすることになった。

体育館に着くと、ウォーミングアップをするチームメートから離れて、私は二年前に高校生たちが座っていたベンチのところへ行った。まさに彼らが座っていた場所に腰を下ろし、目をつぶった（体育館の明かりが暗くなるのと同じ効果を得るためだ）。そして、頭の中で、自分の名前がアナウンスされるのが聞こえ、私はコートの中央へ走り出た。頭の中で聞こえる拍手喝采で、すっかりいい気分になった。

夢にまで見た人物に一歩近づいた気がしたからだ。

どんな人でも、「一目置かれる人物」になりたいと考えるものだ。みんなから、「すごい！」と言われてみたいものなのだ。そのことさえわかっていれば、人々の行動の理由がおもしろいように見えてくる。そして、**一人ひとりに相手が「世界一重要な人物」であるかのように接することで、あなたの期待が伝わり相手の自尊心も高まる**のだ。

2 人間関係は「最大の資産」と心得る

人を動かすには、相手を導こうとする前に、思いやりの気持ちを持って相手に向かうことだ。あなたが気にかけてくれていることがわかれば、相手のあなたに対する態度も変わるはずだ。

絶えず相手に心を配るのは容易なことではない。素晴らしい心温まる思い出も、困難を極めたつらく悲しい思い出も、どちらも人が関わっている。人間関係は「最大の資産」であると同時に、「最大の負債」でもある。大切なのは、たとえ何があっても、人に対する思いやりを忘れないことだ。

ここで**「リーダーへの十一の逆説的戒め」**を紹介しよう。

1　人間は非論理的、非理性的、自己中心的なものだ——それでも人を思いやれ

2　よい行ないをしても、動機が不純だと言って責められる——それでもよい行ないをせよ

3　成功すれば、うわべだけの友人と本当の敵ができる——それでも成功せよ

4　今日の善行は明日には忘れ去られる——それでも善行をせよ

5　正直で、率直な人は傷つきやすい——それでも正直で、率直であれ

6　大きなことを考える大人物でも、つまらないことしか考えない取るに足りない人間に打ち負かされることがある——それでも大きなことを考えよ

7　人間は弱者に同情するが、強者についていこうとする——それでも弱者のために戦えよ

8　何年もかけて築き上げたものが、一夜にして崩れ去ることがある——それでも築き続けよ

9　助けを必要としている人を助けようとすると反発されることがある——それでも助けよ

10　あなたの持てる最高のものを社会に提供すると、ひどい目に遭わされることがある——

11 もっと上があるならば、適当なところで満足してはいけない
―それでもあなたの持てる最高のものを社会に提供せよ

存在感、影響力、求心力のある人間、人を動かす人になるには、いつも笑顔を絶やさず、すべてを分け与え、もう片方の頬を差し出さなければならない。それが人との正しいつき合い方だ。

それに、あなたの薫陶を受けた人のうちの誰かが頭角を現わし、素晴らしい成果を上げ、プラスの方向へ皆を導いてくれる日がくるかもしれないのだ。

3 励まし一つで、成果は〝掛け算式〟に！

一般に信じられていることとは異なり、独立独歩の人間など存在しない。

どんな人でも友情や、励ましの言葉や、人の助けが必要だ。**一人が生む成果など、多くの人の知恵と力を結集した成果と比べれば、取るに足りないものだ。**

それに、皆で力を合わせて何かを成し遂げた後には、満足感がある。

古代イスラエルのソロモン王は、力を合わせることの大切さをこう述べている。

ふたりはひとりにまさる。
彼らはその労苦によって良い報いを得るからである。
すなわち彼らが倒れる時には、
そのひとりがその友を助け起す。
しかしひとりであって、その倒れる時、
これを助け起す者のない者はわざわいである。
またふたりが一緒に寝れば暖かである。
ひとりだけで、どうして暖かになり得ようか。
人がもし、そのひとりを攻め撃ったなら、
ふたりで、それに当るであろう。
三つよりの綱はたやすくは切れない。

（出典　口語訳聖書　一九五五年版）

どんな人でも、近くにいて励まし、手を貸してくれる人が必要である。そのことを理解し、進んで分け与え、手を貸し、正しい志を持っていれば、すべての人の人生に変化がもたらされるだろう。

4 タイミングよく「自分の価値」に気づかせる

理解と信頼がある環境では、誰でも頭角を現わす人間になれる。「自分の価値」に気づかせるのは、それほどむずかしいことではない。**ちょうどいいタイミングで、ちょっとしたことをしてあげるだけで、人は大きく変化する。**

私は十四年間、サンディエゴで多くの信徒を擁する教会の牧師を務めるという幸運に恵まれたが、そこでは毎年素晴らしいクリスマスの催しがある。例年、二十八回のコンサートを行なうので、年間三万人の人々が毎年教会を訪れることになる。

コンサートには、たくさんの子供たちが出演する。クリスマス・コンサートで私が一番気に入っていたのは、三百人の子供たちが天使の格好をして、ろうそくを持って歌うものだ。歌が終わりに近づくと、子供たちは舞台から下りて、通路を通り、教会のロビーに出て行くことになっていた。

最初のステージの時、私はロビーで子供たちを待っていることにした。子供たちは私がそこにいるとは思っていなかったが、私は拍手をしながら、「みんな、素晴らしかったよ」と声をかけて、健闘を讃えた。子供たちは私の姿を見て驚いていたようだったが、誉められて、まんざらでもないふうだった。

二回目のステージの時も同じことをした。子供たちは、いかにも私の姿を探しているかのように、きょろきょろしながら通路を歩き始めた。その夜の三回目の公演の時には、通路を歩き出す頃には、みんなニコニコしていて、ロビーに出てくるやいなや、ガッツポーズをして大騒ぎだった。子供たちは、私に信頼されていることを感じ取り、自分に自信を持つことができたのだ。


人に自信を持たせ、ひとかどの人間だと思わせるために、いろいろと努力した経験はないだろうか。何をしてあげたにせよ、相手に与えた影響の大きさを思えばたいしたことではない。

誰でも、他の誰かにとって大切な人になる可能性がある。彼らに必要なのは、自らの能力を最大限に発揮できるように、勇気とやる気を与えてもらうことなのだ。

5 〝助けの手〟を惜しまない

最後に、人間を理解する上で知っておくべきことは、誰か一人に助けの手を差し伸べることは、多くの人に影響を与えることでもあるということだ。**一人を助けたつもりでも、**

あなたの薫陶を受けた人は、その恩恵を他の誰かに伝えていくはずだ。

善意から人を助けた場合は、与えた以上のものを受け取るだろう。人から自信を与えられた人は、そのことを心からありがたいと感じ、この上もない感謝の気持ちを持つことが多いからだ。

✷人の〝やる気〟を喚起する天才

つまるところ、人を理解できるかどうかは、あなたの気持ち一つである。たしかに、なかには生まれつき人が何を考え、どう感じているかが本能的にわかる人もいる。しかし、たとえそのような能力には恵まれていなくても、誰にでも相手を理解し、やる気を起こさせ、最後には人を動かす力がある。

人の能力を伸ばしたいと心から思っているなら、以下のことを心がけてほしい。

❖〝多様な視点〟で人間としての「幅」を広げよ

『マコーマックのマンビジネス』の著者、マーク・マコーマックがある雑誌に書いていた。

「数年前、空港でチケットを買うために並んでいた時のことだ。私の前にいた二人の子供が、アイスクリームの奪い合いをしていた。その前には、ミンクのコートを着た女性が並んでいた。今にもまずいことが起こりそうだった。喧嘩をやめさせるべきだろうか。私が逡巡しているうちに、喧嘩をしていた女の子が男の子に向かってこう言った。

『やめてよ、チャーリー。あの人の毛皮の毛がアイスクリームにくっついちゃうでしょ』」


ほとんどの場合、自分が経験していないことはわからないものだ。そのため、他の人が経験したできごとも、自分の地位や生い立ち、状況に置き換えて考えようとする。

たとえば、ＮＦＬ（アメリカンフットボールのプロリーグ）の選手、パット・マッキナリー（ＮＦＬ唯一のハーバード大学卒業生）は、「ハーバードでは、運動バカのレッテルを貼られたが、プロになったら知性派と言われた」と明かしている。

彼自身は全く変わっていなかったが、人の見方が変わったのだ。

人の目線でものを見ると、全く違った視野が開けてくると同時に、人間としての幅も広がる。ヴォルテールの『ザディグ』には、多様な視点を持つことの大切さが示されている。

ある国の王様が、お気に入りの馬がいなくなって困っていた。国中に、馬を見つけろというおふれを出したが、無駄だった。切羽詰まった王様は多額の賞金を出すことにした。たくさんの人が報賞金目当てに、馬を見つけようとしたが、誰一人として見つけることはできなかった。

王宮の道化が王様に拝謁し、自分なら馬を見つけられると言った。

「お前がか！　誰にも見つけられなかった馬を、よりによってお前が見つけられると言うのか」と、王様。

「さようです」。道化は答えた。

「では、探せ」。王様にとって損な話ではない。

数時間後、馬は宮殿に戻り、王様はびっくり仰天した。そしてただちに賞金を渡し、誰にも見つけられなかった馬をどうやって見つけたのか、説明するように言った。

「簡単なことでございます。自分で自分にこう尋ねました。もしおいらが馬だったら、どこへ行くかってね。自分で馬になってみたら、すぐ見つかりました」

❖他人の体験を〝追体験〟する

人の気持ちを理解し、助けの手を差し伸べるには、感情移入も必要になる。しかし、感情移入は、誰にでもできることではない。

カンサス州のある牧師の話である。牧師はニューイングランドから帰ってきたところだった。

教区民の一人が牧師を駅で出迎えた。

「それで、こちらの様子はどうでしたか」と、牧師は尋ねた。

「悲しいなんてものじゃありませんよ、牧師さん」と、男は答えた。

「台風が、私の家を吹き飛ばしてしまったんです」

「しょうがないな」と、牧師は同情するでもなく、眉をひそめた。

「あなたの生活ぶりについては、いつも注意していたはずです。罪を犯せば、罰を受けるのはしかたのないことです」

「牧師さんの家も吹き飛ばされました」と、男は付け加えた。

「本当に？」

牧師は、一瞬たじろいだ。

「ああ、なんと、神のお考えは人間の理解を超えているものです」

自分の家が吹き飛ばされないと、人様の不幸や窮状を気の毒に思えないようでは困る。

思いやりを持って、力強く手を差し伸べれば、相手は好意的に応えてくれるだろう。

❖長所探しの〝達人〟になれ

作家、ハーパー・リー（『アラバマ物語』の作者）は、「人間というものは、だいたいにおいて、自分が見たいものを見、聞きたいことを聞くものだ」と書いた。

人の心を理解し、人を動かす達人になりたいと思うなら、その人の一番いいところを信じ、自らの信念に基づいて行動すれば、彼らの人生をよりよい方向に導くことができるだろう。

しかし、それもこれも、あなたの考え方次第である。次のような自分にばかり都合のよい考え方をしていれば、人を理解するなど覚束ない。

必要以上に時間をかける奴は、のろまだ。
　自分が時間をかけるのは、綿密だからだ。
何もしない奴は、怠慢だ。
　自分がやらないのは、忙しいからだ。

言われてもいないことをやる奴は、身の程をわきまえていない。
自分が勝手にやるのは、自主的だからだ。

エチケットを守らない奴は、無礼だ。
自分が少々エチケットを守らないのは、独創的な人間だからだ。

上司の歓心を買う奴は、ごますりだ。
自分が上司を喜ばせるのも、協力のうちだ。

出世する奴は、運がいいだけだ。
自分が出世するのは、努力したから当然だ。

人とどのような態度で接するかは、非常に重要である。
『いかにして自分の夢を実現するか』（稲盛和夫訳、三笠書房刊）の著者ロバート・シュラーは、次のような話を紹介している。

「僕は世界一の野球選手だ」と言いながら、小さな男の子は裏庭を肩で風を切って歩き回っていた。バットを構え、自分でボールを放り上げ、バットを振る。空振りだ。もう一度「僕は世界一の野球選手だ」と言う。ボールを拾い、バットを振る。また空振りだ。

バットを確かめるようなそぶりを見せると、またボールを拾い上げた。「僕は歴史上最高の野球選手だ」。バットを振った勢いで、男の子は倒れそうになる。それでもボールは、何ごともなかったかのように、ポトンと足もとに落ちた。

「うわー、すごいピッチャーだ」と、男の子は声を上げた。

もしも、「人を動かす人」になりたいなら、この話に出てくる小さな男の子を見習わなければならない。

誰かを喜ばせるのに大金はいらない。ただ「相手を理解し、何を望んでいるか」を知ることだ。独りよがりな親切の押し売りをした挙げ句、どうして喜ばれないのか、いぶかしがる人も少なくない。

人を動かすには、その人が何を望んでいるかを知り、それを実現するために力を貸してあげること。たったそれだけで、相手はやる気を起こす。そして、あなたは求心力、影響力という財産を手にできるのだ。

カリスマの「求心力」⑥

巧みに助言せよ

「成長力」を加速させよ

Becoming a Person of Influence

あなたの存在感によって周りの人々を「奮い立たせる」ことができれば、新たな一歩を踏み出せる。

1章で説明したとおり、人格の力によって人を動かすことは、存在感のあるリーダーになるための第一歩だ。なぜなら、それが人間関係の基礎だからである。それができたら、次はやる気を起こさせること。相手を信頼し、希望と恐れに耳を傾け、理解を示し、強い絆を築けば、人は成功への意欲をかき立てられ、あなたに引きつけられる。

しかし、**あなたが関わる人の真の成長と向上、そして成功を期待するなら、一歩前進して相手のメンター（助言者、相談者、後見人）になる必要がある。**

メンターとは、ギリシャの詩人ホメロスの書いた叙事詩『オデュッセイア』に登場する老賢人「メントル」に由来する言葉だ。あなたは「期待をかけている人」のメンターとして仕事上のアドバイスをしたり、人間的、精神的成長がはかれるよう支援していかねばならない。

しかし、理由もわからず、ただ成長しろと発破をかけられるのは苦痛である。

よきメンターは「可能性」を「実現」へと導き、「ただの夢」を「必然の運命」に変えるチャンスを与える。メンターの影響力には上限がないので、どこまでも人を導くことができる。

十九世紀イギリスの政治家、ウィリアム・グラッドストーンは、「賢い人間は、自分に向いていない仕事にはなるべく力を使わない。もっと賢い人間は、自分の得意分野を選んで、徹底的に最善を尽くす」と主張している。

しかし、何が得意なのかわからない時は、手助けが必要だ。さらなる成長を目指し、可能性を追求すべき時は特にそうだ。メンターとして手を差し伸べるのは、まさにそういう時だ。

優秀なメンターは、助言する相手の成長を促し、長所を伸ばそうとする。

本章と、それに続く三つの章では、メンタリングの四つの方法に注目したい。すなわち、「人を伸ばす」「壁にぶち当たった時の道案内になる」「絆を深める」「潜在能力を引き出す」の四つである。

✷〝将来有望な人材〟を育てる手腕

モチベーション・スピーカーのアラン・ロイ・マクギニスは、「この世に、自分以外の人間を助ける（他人の成功に手を貸す）ことほど崇高な仕事はない」と言っている。自分が手助けした人がどんどん大きくなっていくことほど、素晴らしいことはない。

ロッキード社の前社長ロバート・グロスが、かつて管理職に語った言葉を紹介しよう。

「我々がつくっているのは、自動車でも、航空機でも、冷蔵庫でも、ラジオでも、靴紐でもない。我々は人間をつくっている。そして、その人間が製品をつくるのだ」

あなたが「その人そのもの」を成長させられたら、世の中はどんどん素晴らしく変わっていく。では、「人を伸ばす」とは具体的にどういうことだろうか。

まずは、相手が才能を伸ばし、新しい技術を身につけ、問題解決力を向上させることである。こうした能力が身につけば、生きていく上での充実感や満足度は格段にアップする。

実業家ジョージ・クレーンは、**「将来性のある仕事などない。将来性の有無はその仕事をする人にある」**と力説する。

人を伸ばしてやれば、その人の将来はより明るいものになる。生きる姿勢を改めさせ、様々な技術を身につけさせ、新しい思考法を学ばせて可能性を広げれば、仕事も私生活もより充実したものになる。

メンターの役割とは、一時的に元気の出るカンフル剤を打つことでも、その場しのぎのテクニックを教えることでもない。本当の意味で使える知識や経験を積み重ね、学習し、成長する力を磨かせるのだ。

能力が伸びれば、チャンスに恵まれた時、それを最大限に利用できる。成長が成長を呼ぶ〝幸運のスパイラル〟が生まれるのだ。

✴〝一人の成長〟は〝チームの刺激〟になる

一人の人間の成長は、チームの構成員すべてにプラスの影響をもたらす。だから、一人ひとり少しずつでも能力を伸ばすことで、組織全体の質も高まっていく。

また、その中の数人が飛躍的に能力を伸ばすと、その人たちの指導力のおかげで、組織の成長と成功の可能性は増大するだろう。

ビジネス・コンサルタントのフレッド・スミスは、三年前から、月に一回、二十人の若手経営者を集めて勉強会を開いていた。

そろそろ独り立ちの時期がきたと考えたフレッドは、しばらく自分は勉強会には顔を出さないことにした。経営者たちは自分たちだけで勉強会を続けていたが、しばらくすると、彼らはフレッドに一度勉強会に顔を出してほしいと言ってきた。

久しぶりに参加すると、彼らから記念にバカラのクリスタルをプレゼントされた。そこには、「He stretched us（彼が僕らを伸ばしてくれた）」と刻まれていた。

フレッドは長年にわたって、多くの人々の成長に手を貸してきた。

出世して成功したいと思う人は多いが、さらに一段上を目指すためには、人のメンターになれるほどに成長し続けなければならない。

フランスの思想家モンテーニュは、「人生の価値は長さではなく、その使い方で決まる。長生きをしても、空しい人もいる」と述べている。

人の能力を伸ばすということは、その人に与えられた時間を最大限に活用し、人生をより素晴らしいものにしてあげることである。

✴〝尊敬される人〟が必ず備えている資質

知識を伝えることは簡単だが、相手の人生をも変えてしまうほどのアドバイスができる人は多くはない。結局、その人の「器の大きさ」がものを言うということだろう。

リーダーシップの専門家、ウォレン・ベニスとバート・ナヌスは、こう述べている。

「リーダーのリーダーたる所以《ゆえん》は、自分のスキルを展開、改善する力にある」

人の能力を伸ばす手助けをしようと思うなら、まずは自分自身の能力を伸ばし、成長しなければならない。それができた時に初めて、メンターとして人の役に立てる。

自分より指導力の劣る人をリーダーと仰ぐことができないように、**成長が止まっている人から「成長のしかた」は学べない**。

メンターは相手よりも高い人間的成長を遂げているだけでなく、絶えず成長し続けなければならないのだ（皆さんにも覚えがあると思うが、高校教師や大学教授の中には、どう見ても大学を出てから進歩を止めてしまったとしか考えられない輩《やから》がいるものだ。そういう連中を尊敬しろと言われても無理な話だ）。

アルバート・シュバイツァーは、**「成功したいなら、人生に退屈したり疲れていたりする場合ではない」**と力説する。

常に学び、能力を伸ばすことを人生の目的としていれば、人生に「退屈し、疲れる」ことはない。いつでもエネルギーに満ち溢れ、何をするにも、よりよいやり方はないかと考える。

自分が成長しているかどうかを確かめるには、今、何か楽しみにしていることがあるかどうかを考えてみるといい。もし何も思いつかなかったり、昔はよかったなどと思うようなら、成長は頭打ちになっている。

こういう言葉がある。

「発見を妨げるのは無知ではなく、知っていると思い込むことである」

学校を卒業すると、成長することの大切さを忘れてしまう人が多いが、皆さんにはそうなってほしくない。今まさにこの瞬間から、成長を人生の最優先事項にしてほしい。のんびり構えている暇はない。イギリスの思想家、トーマス・カーライル曰く、「人生とは、永遠の間の一瞬のきらめきである。チャンスは二度と訪れない」のだから。人としての成長のないまま無為に過ごした一日は、自らの向上と他人の成長のための失われた時間である。

〝誰を引き上げるか〟には、ここまで神経を使え

また、人を応援することは大事だが、成長を見守るべき相手は慎重に選ぶこと。よく知っている人も、知らない人も含め、すべての人にとって手本となるような人間になり、家族、部下、同僚、友人等々、すべてにやる気を起こさせることを自分の究極の目

的とするべきである。

とはいうものの、人の能力を伸ばすのは大変な仕事であり、つき合いのある人すべての能力を伸ばすだけの時間はない。一番有望な人、成長したいという意欲の高い人を選ぶことが大切だ。

多くの人が「平等」という言葉の罠にはまっている。しかしこの言葉は使わないようにしたい。この言葉は、大空に思いを馳《は》せる人間には似つかわしくない。

もちろん私たちは、すべての人に平等のチャンスと正義がもたらされることを望んでいるが、必ずしも全員が与えられた環境や優位性を有効に活用しようという「やる気」と「素養」があるわけではない。

成長を強く望んでいる人がいると同時に、人間的成長に関心がなく、働きかけにも反応しない人がいる。その人の特性をきちんと見極めることが重要だ。

では、いったいどんな人たちの才能を伸ばしたらいいのか。以下のガイドラインを参考にしてほしい。

❖「価値観」は同じか

あなたが才能を伸ばしてあげようと思う相手は、あなたと同じような価値観を持ち、同じものに価値を見いだす人でなければならない。価値観が正反対であれば、目指す方向も自ずと異なり、思ったような効果は上げられないだろう。

ウォルト・ディズニーの兄、ロイは、「自分にとって何が大切かがわかっていれば、決定を下すのはむずかしいことではない」と言っている。

相手があなたと同じような価値観を持っていれば、意思決定するにしても、同じような結論を導き出すだろう。

❖心から「見込みがある」と感じたか

メンタリングの対象になるのは、「将来性十分と見込んだ人」であるべきだ。決して、「かわいそうで見ていられない人」であってはならない。

傷ついた人をいたわり、愛し、励ますのも素晴らしいことだ。しかし、心血を注いで才能を育てるなら、目覚ましい成長を遂げ、世の中を変えていく人を育てるべきだ。

❖自分の「強み・経験」が活かせるか

あなたが伝えたいと思っていることが、すべての人の成長に役立つとは限らない。あなたの経験や強みが活かせるかどうか、相手の資質をよく見極めること。

❖相手の「資質」を正しく評価できるか

できることなら、メンタリングをした相手にはそろって才能を開花させ、綺羅《きら》星のごとく輝いてほしいものだ。とにかく、優れたメンターは、その人の能力以上のものを引き出せるはずだが、実際には、すべての人を最高レベルに到達させられるわけではない。うまく才能を伸ばすには、その人の資質を正しく評価し、成功への足がかりをつくることが重要である。

❖「タイミング」は万全か

その人の人生のどのタイミングで、助けの手を差し伸べればいいのか。「鉄は熱いうちに打て」ということわざがあるように、しかるべき時に行動を起こさなければならない。才能を伸ばそうとする時期が早すぎると、相手の意欲が低いこともあるし、遅すぎれば、成長を促すのに最善のタイミングを逃すことになる。

メンタリングは、「する側」と「される側」が目的意識を共有し、一〇〇パーセントの努力をしなければ、効果は上がらない。だから、「これ」と思う人を見つけたら、本人の了解を得た上で、その人の才能を伸ばす仕事に取りかかってほしい。

✴〝綺羅星のような才能〟を開花させる秘策

人の成長を見るのは、楽しく、やりがいのあることだが、それだけ時間と金と労力がいる。だからこそ、こうと決めたなら、責任を持って相手を導かなければならない。

人の才能をただ伸ばすのではなく、最大限に伸ばすために、いくつかのアドバイスがある。

❖〝才能の片鱗〟を敏感に察知する

作曲家ジャン・カルロ・メノッティは力説する。

「地獄とは、成し遂げられるはずだったのに成し遂げられなかったことや、浪費された才能や、やっぱりあの時こうしておけばよかったということを、まざまざと見せつけられることだ」

せっかくの才能が花開くことなく終わってしまうことほど悲惨なことはない。**才能を見いだし、大いに発揮させるべく手を差し伸べることは、一流人の特権**である。だが、そのためには、その人に可能性があるかどうかを見極めなければならない。

水泳の金メダリスト、ジェフリー・ガベリーノの言葉を借りれば、「競争とは、常に自分の出した記録と、やれば出せるはずの記録との戦い」なのだ。これからあなたが導こう、育てようと考えている人を見て、その人には何ができるか、きちんと見極めることが大切だ。

才能の片鱗がないか、目と心を総動員して、観察しよう。情熱と持てる力をすべて注ぎ込み、その人は何を成し遂げられるか思い描いてみよう。そうすれば、可能性が見えてくるはずだ。

❖〝大胆なくらいの夢〟を設定させる

大統領のスピーチライターを務めたことのあるロバート・オーベンは言う。

「世の中には二種類の人間しかいない。それは、現実主義者と夢想家だ。現実主義者は、自分がどこへ向かっているかわかっているが、夢想家にしてみれば、そんなものはすでに経験ずみである」

これから伸ばそうとする相手より先に、あなたの心の目に映る彼らの未来の姿を見定め、彼らのやる気が起きるように〝自分の未来像〟を見せて勇気づけてやろう。

「自分は突拍子もない夢を抱いていて、才気走ったところがあるのではないか」と、萎縮させる必要はない。夢も才能も、どんどん目立たせればいい。それこそが人生に喜びと充実感をもたらしてくれる。

人間は、**大胆な夢を持たない限り、大胆な成功を収めることはできない**。自分の未来像を見せられることによって、能力が引き出され、可能性も大きくなる。イギリスの偉大な政治家ベンジャミン・ディズレイリの言葉を贈ろう。

「自分の思いを上回る成果を上げることは不可能なのだから、思いはなるべく大きく持たなければならない」

とにかく、小さくまとまってしまわないように働きかけること。そうすれば、きっと本来の力を発揮できるだろう。

❖〝情熱のありか〟に気づかせる

成長したいという欲求に火をつけるには、情熱をかき立ててやるのも一つの方法だ。

誰でも——もの静かで、非常に控えめな人でも——何らかの情熱を持っているものである。

その人の情熱のありかを知るには、表面的な欲求を見るだけではなく、その人の内面に目を向けなければならない。

著名なラビ（ユダヤ教の聖職者）であるハロルド・クシュナーの次の言葉は卓見である。

「人間の魂は、名声や安楽、富、権力を求めることはない。そんなものは、手に入れたと思った端《はし》から次の問題をもたらすだけだ。**人間の魂が求めているのは、生きることの意味であり、意味のある人生の生き方がわかったと実感することだ。**それがあれば、この世はこれまでとは少しは違ったものになるだろう」

情熱は、才能を開花させる燃料だ。

第二十八代米国大統領のウッドロー・ウィルソンは言う。

「人間は夢によって成長する。偉大な人物はみな夢を持っている。大きな夢を持っていても、消えるに任せる人もいれば、育み、慈しむ人もいる。夢の実現を心から望んでいる人のところには、必ず明るい光が差し込んでくる。たとえつらくとも、夢を育てていこう」

情熱は、夢を育み、慈しむ力の源である。

❖「性格的な問題」を指摘し、改善させる

どうすればその人を伸ばせるかを考えると同時に、その人の性格に欠点があれば、それも直しておかねばならない。1章でも述べたように、「人格や人間としての品格」こそが、

すべての基礎になるのだ。基礎がしっかりしていなければ、問題が起きることは目に見えている。

その人の性格や品性を見極めるには、評判だけに頼ってはいけない。

リンカーンによれば、「性格を木とすれば、評判はその影である。木を見れば本当の姿がわかるが、影を見ただけでは、それが何なのか、想像するしかない」。

様々な状況で相手がどんな言動をとるかを見ていけば、その人の性格的な欠点もあぶり出される。

マーティン・ルーサー・キング牧師は、「人間を測る究極的なものさしは、試練と批判にさらされた時にどういう態度をとるかだ」と述べている。あなたが目指すべきは、この人と見込んだ人が、どんな試練にも負けないように手助けすることである。

しかし、はじめは小さなことから始めたほうがいい。

米国のダイレクト・マーケティングの世界で大きな成功を収めたジョセフ・シュガーマンは、「率直で、正直な行ないこそが、より大きな成功への原動力になる。嘘をつくと、たとえたわいのない嘘であっても、失敗に向かって突き進むことになる」と語っている。

どんな状況でも、品格ある行動をとる習慣が身につけば、あとは成長と才能の開花を待つばかりである。

❖ただし、〝欠点・弱点〟を指摘しすぎない

人を指導していると、ついその人の弱点や欠点にばかり目がいってしまう。どういうわけか、人の欠点は気になるものだ。

だが、弱いところを指摘されてばかりいると、人間はやる気と向上心をなくす。人を育てているつもりが、知らず知らずのうちに才能を枯らしてしまうこともある。

野球にまつわるこんな話がある。ある日、スタン・ミュージアル（球界の紳士、男の中の男と呼ばれた大リーガー）が、シカゴのピッチャー、ボブ・ニューサムと対戦した。ミュージアルは、一塁打、三塁打、ホームランとヒットを重ねた。四打席目になった時、シカゴの監督は、ピッチャーを替え、ルーキーを投入することにした。

若いルーキーはブルペンからマウンドに行き、ボールを受け取りながら、ニューサムに尋ねた。

「ミュージアルの弱点は何ですか」

「そうだな。二塁打は打てないみたいだぞ」

ミュージアルに二塁打が出なかったのは「弱点」とは言えないかもしれないが、とにかく人を指導する時は「欠点」に注目するのではなく、何が「強み」かに注目しよう。

ないものねだりはせずに、今持っているスキルに磨きをかけさせ、よいところを誉めること。持って生まれた才能を引き出すのだ。**性格に問題がなければ、欠点や弱点に目くじらを立てるべきではない。**

欠点を直すのは、二人の間にしっかりとした絆ができ、相手が自信を持ち、成長し始めてからでも遅くはないからだ。その時、一つずつ時間をかけて解決していけばいいことだ。

❖「成長のプロセス」を丁寧に〝伴走〟する

すでに習得したものをさらに超えようと努力しない限り、成長は望めない。だから、人を伸ばそうとする時は、その人が怖じ気づいたり、やる気をなくしたりしないように、一歩ずつ、着実に成長できるようにしなければならない。

それがどのようなプロセスになるかは、人によって異なるが、生い立ちや目標に関係なく、①生きる姿勢、態度 ②人間関係 ③リーダーシップ ④専門的スキルの四つの領域での進歩を目指してほしい。

❖参考になる本、資料などを教える

人の成長に少しでも手を貸すことは、無上の喜びである。だからこそ、私たちは、人々の成長に役立つ資源を絶えず提供したいと考えている。その人のためになるもの、興味のありそうな記事を切り抜き、参考になる本を渡そう。また、ためになる、しかもひらめきを与えるようなテープを持たせるのもいい。もし、思ったとおりのものが見つからなければ、あなた自身の経験を伝えるのでもいい。

それを続けていくうちに、あなたは相手の成長ぶりに目を細めるようになるだろう。

❖新鮮なひらめきや刺激を与える

時には、新鮮で爆発的なエネルギーとひらめきを与える必要がある。

「高く舞い上がりたいという衝動を持った人間は、地面をはいずり回ることで満足することはない」と語ったヘレン・ケラーのように、一度でも一つ上の段階を経験させると、その人の中に高く舞い上がりたいという欲求が生まれる。

セミナーや研修会、イベントで一流の人と出会うことなどは、非常に刺激的なことである。慣れ親しんだ日常を離れ、自分の枠を打ち破り、次の段階に進みたいという気持ちになる。

しかし、そういった場に出席するだけでは成長できない。

人生を変えるきっかけになることはあるが、大切なのは「変える」と決断を下した後、

「どう行動するか」にかかっている。

❖"自力で成長する"ための素地をつくる

品質管理のオーソリティ、フィリップ・B・クロスビーの言葉を紹介しよう。
「人間行動学の理論に、人間は無意識のうちに自らの知的成長を妨害するという考え方がある。つまり、月並みなやり方や習慣に頼ろうとするのである。一人前の年齢になると、新しいことを学ぶのをやめ、ぼんやりと過ごすようになる。野心的で、熱心に、昼夜分かたず働くかもしれないが、学ぶことへの情熱が減っていくのである」

人は一生、自力で成長を続けていかなければならない。よく言われることだが、教師の役割とは、教え子が教師の助けを借りずに自力で学ぶための素地をつくってやることなのだ。

人の才能を伸ばす時にも同じことが言える。一緒に仕事をしながら、相手が自力で成長しようとするのを助け、自立し、学ぶために必要なものを与えなければならない。

どうすれば成長できるかを教え、自分の力でぬるま湯のような状態から抜け出せるように勇気を与えよう。そして、さらに学び、成長していく刺激になる人に引き合わせてやることだ。

相手が生涯を通じて学びを忘れない人間になれば、あなたは素晴らしい贈り物をしたことになるだろう。

「人を豊かにすることができない人は、豊かな人生を送ることはできない」という言葉がある。人の成長を助け、才能を伸ばすことで、その人の人生に豊かさをもたらすことは、お互いにとって喜びであるだけでなく、あなたの影響力を高め、その人の影響力をも増大させる。

ラルフ・ウォルド・エマーソンの「心から人を助けようとすることは、自分自身をも救うことになる。これは、この世の生におけるもっとも美しい報酬の一つである」という言葉は真実なのだ。

人を育て、才能を発揮するための手助けをして、あなた自身が手にするものは、あなたが手助けした人が手にするものと同じぐらい素晴らしいものになるだろう。

カリスマの「求心力」⑦

「大きなヴィジョン」を語れ

〝ガイド〟に徹する

Becoming a Person of Influence

自ら成長しようとする人々を助け、能力を開花させることによって、その人の人生は新たな局面を迎えるだろう。

だが、どんなに成長し、多くのことを学んだとしても、障害そのものがなくなるわけではない。また、間違えることもある。公私両面で、何らかの問題にぶつかることもあるだろう。そして、自分の力だけではどうすることもできない難局にぶち当たったりする。

あなたの感化を受けて、人生の新たなステージに歩みを進め、未知の冒険に旅立とうとしている人は、あなたの助けと道案内を必要としている。

ものごとが軌道に乗るまでは、メンターとして継続的なアドバイスが必要になる。自力で旅に出るのはその後の話である。

✴〝夢〟を「現実」にできる人の共通点

人を導くことは、大海を共に旅することだ。少なくとも、その人が自分の力で正しい航路を取り、舵取りができるようになるまでは、正しい航路を見つけ、氷山を警戒し、荒れ狂う嵐を乗り越え、共に航海しなければならない。

ルロイ・アイムズは、『自分にしかなれないリーダーになれ』（*Be the Leader You Were Meant to Be*）の中で「リーダーとは、他の人よりいろいろなものが見え、他の人よりも遠くまで見え、他の人よりも先に見える人のことだ」と書いている。

前章で、「人を奮い立たせること」が大切だと書いたが、次のステップは、より具体的な目的地、ヴィジョンを明らかにしてやることだ。

現状に満足していない人や、やる気をなくしている人は、明確なヴィジョンを持っていないことが多い。夢を葬ることは自分自身を葬ることである。なぜなら、**人間は「夢」によって生かされている**からだ。

あなたも、人々が夢を見つけ、それに向かって前進するのに手を貸してあげてほしい。自分がメンターになっている人の可能性はおおかた把握していると思うが、もっと詳しく知る必要がある。その人が目的に向かって確かな足取りで前進するまで、何が彼を突き動かしているのかを、注意深く見守ってほしい。

たとえば相手が「何に感動するか」を知れば、「本当にやりたいことは何か」がわかる。情熱がなければ、何も始まらない。歴史上の偉大な人物を偉大たらしめているのは、何かを所有していたからではなく、**何かを達成するために命を捧げた**からである。

心のままに耳を傾ければ、その人が何のためになら喜んで身を捧げようとするか、わかるだろう。

人間は義務感からではなく、「喜び」を感じることに多くのエネルギーを費やすべきだ。その人が何に情熱を燃やしているかわかれば、目的地を見つける大きな手がかりになる。

ナポレオン・ヒルは、**「ヴィジョンと夢を大切にしなさい。それらはあなたの魂の子供であり、最終目的地までの地図である」**と言った。その人のヴィジョンと夢がわかれば、その人を的確に導けるはずだ。

✴人を動かす「長期目標」と「短期目標」

人の持つ情熱、潜在能力、ヴィジョンを把握すれば、彼らの目指すべき道がより深く、明確に理解できる。「私が目指しているのは、幸せな人生と成功です」と言う人がよくいるが、そんな表面的なものを目指していたのでは、いつか失望を味わうことになる。

ジョン・コンドリー（効率的な経営チーム育成プログラムを提供する米国のキャリアアサクセスセミナー社の社長兼ＣＥＯ）も、**「幸福、富、成功は、目標設定の副産物であって、それ自体では目標になり得ない」**と主張している。

その人の本当の「人生の目的」がわかったら、次はそれを実現する手助けをしなければならない。つまりそれは、航路を示し、目標を設定することである。

目標を設定し、計画を立てたら、それを紙に書きとめることが肝要だ。目標は具体的に、計画はおおまかに設定しておくのがコツである。

心理学の博士号を持つ経営者アルフレッド・J・マーロウの実験がこのことを実証している。彼は、未熟な新入社員を、できるだけ短期間で熟練した社員に匹敵するレベルに引き上げるにはどうしたらいいかを知りたいと考えた。

そこで、新入社員を二つのグループに分け、一つのグループには、十二週間で熟練工と同じ生産性を達成するように命じた。もう一つのグループには、週毎に目標を与え、どんどんレベルを上げていった。

目標を一つしか設定しなかったグループでは、彼の期待に応えることができたのは六六パーセントに過ぎなかった。ところが、途中にいくつも目標を設定したグループは好成績を上げ、熟練工の生産力の平均値を短期間で達成したのである。

人を動かすには、「長期的な目標」と併せて「短期的な目標」も設定すること。小さな目標を達成していくことで、自信が生まれ、進歩が加速していくのだ。

✷どんな〝逆境〟も「チャンス」に好転させる

次に挙げる四つは、誰もが知っておくべき「成功者の真実」である。あなたが伸ばそうとしている人は、「成功者の姿」を誤解しているかもしれない。もし誤解していたら、正しく導いてあげること。

1 どんな成功者であれ「問題がない」人はいない

メンタリングを通じて人の成長を見守っていると、多くの人が誤解しやすい事柄がわかる。その一つは、「いつか問題という問題が消えてなくなる日がくる」と思っていることだ。

しかし、どんなに大きな成功を収めた人でも、常に次々と現われる困難に立ち向かっている。作家で、教育者でもあるエルバート・ハバードは、**「もう問題はないという人は、試合放棄した人間だ」**とも言う。

メンタリングをしている相手には「どんなに成功しても、**チャレンジを続けている人に**

困難はつきものである」と伝えることだ。

2 大きな「壁」の向こうには〝大きなチャンス〟が

もう一つのよくある誤解は、成功した人はたいした問題にぶつかることもなかったから成功できたというものだ。しかし、そんなことは決してない。

一九六二年、ビクターとミルドレッド・ゲーツェルは、四百十三人の天才と称される著名人に関する研究を発表した。この二人の研究者は多くの年数をかけて、成功者の偉大さの源と、人生の共通点を明らかにしようとしたのだ。もっとも注目すべきは、彼らのうち三百九十二人が、現在の地位を得るために大きな障害を乗り越えてきたことだった。彼らにとっては、障害こそがチャンスなのである。

壁を突破して成功を手に入れた後も、新しい問題は次々と現われる。しかも、私生活でも、仕事でも、成功すればするほど、問題は複雑になっていく。スケジュールは過密になり、金の問題も大きくのしかかってくる。成功した人に対しては、世間の要求も厳しくなる。

しかし、成功してからも成長し、進歩し続ければ、問題解決能力は高まるだろう。

3 「お金では解決できない問題」がある

もう一つ、お金さえあれば、どんな問題でも解決できるという考え方があるが、これは間違いである。それどころか、お金のある人ほど満足することがなく、さらなる問題を抱え込むのが現実だ。

たとえば、アーニー・J・ゼリンスキー（米国のコンサルタント）が最近実施した調査によれば、年収七万五千ドル以上の人のほうが、年収七万五千ドル以下の人よりも、自分の収入に満足していないと答える人の割合が高いという。彼の言葉を引用しよう。

「平均以上の収入がある裕福な人に、アルコールや薬物関連の問題を抱えている人が多い。お金さえあれば裕福と言えるかどうかということについて、私なりの理論がある。

たとえば、年収二万五千ドルで、幸福で、問題をうまく処理できる人なら、金銭的にもっと恵まれるようになっても、同じように幸福で、問題をうまく処理できるだろう。

また、年収二万五千ドルで、不幸で、問題をうまく処理できない人は、金銭的にもっと恵まれていても、同じように不幸で、問題をうまく処理できないだろう。ただ、少しは楽ができて、じたばたせずにすむだけだ」

お金さえあれば、すべての問題が解決するわけではない。経済的な問題は、他の問題が生じている〝徴候〟であることが多いのだ。

4 トラブルの中にこそ〝成長のチャンス〟が秘められている
人生で出会うあらゆるトラブルは、成長のための大きなチャンス

成長のチャンスでもある。作家ネナ・オニールが言うように、「すべての危機には、再生のチャンスが秘められている」のだ。

アラバマ州のエンタープライズという町には、一九一九年に建てられたワタミハナゾウムシの記念碑がある。ことの起こりは、一八九五年にこの害虫が米国の主要農産物だった綿花に壊滅的な被害を与えたことにある。

その後、この町の農民たちは様々な農産物を多角的に栽培するようになった。そして一九一九年にはそのうちの一つ、ピーナッツの価格が最高級の綿花の価格をも上回るようになった。その記念碑にはこう刻まれている。

「繁栄をもたらしてくれたワタミハナゾウムシに心からの感謝を……苦難と危機の時代に新たなる成長と成功がもたらされ、災いは福に転じた」

皆さんも気づいていると思うが、問題にどう対処するかは人それぞれである。歴史家アーノルド・J・トインビーは、逆境に直面した人の反応には四種類あると考えた。

1 過去に逃避する
2 未来を夢想する
3 自分の殻に閉じこもり、助けが来るのを待つ
4 正面からぶつかり、危機を有益なものに変える

川の流れが常に穏やかではないように、いつ何どき、トラブルが起こるかわからない。事前に何らかの策を講じることの大切さを伝えておこう。そして、実際に困難な状況に立ちいたった時には、正面から向き合って、自分を向上させられるように、励ましの言葉をかけよう。

✴「これ」と見込んだ相手に〝成功の航路〟を進ませるために

大航海時代、冒険者たちは空の星を頼りに航路を見定めたという。どんなに航路を正確に定め、どんなに慎重に船を進めても、船は必ず航路をはずれる。だから、常に軌道修正が必要になる。

人間も同じである。どんなに目標に焦点を合わせ、申し分のない計画を立てても、本筋からはずれてしまうことがある。

そこで必要になるのが**軌道修正する能力**、つまり**問題解決能力**である。

生まれつき問題解決能力が身についていればいいが、多くの場合、それは苦労して鍛え上げなければならない。では、どうやってその能力を磨き上げたらいいのか。

アイゼンハワー大統領の下で国務長官を務めたジョン・フォスター・ダレスは、「成功の程度を測る尺度は、どんなにむずかしい問題を解決したかではない。去年と同じ問題が今年もまた持ち上がっていないかどうかである」と考えた。

メンターなら、指導する者が「同じような問題にいつも手を焼く」ような事態は避けたいものである。

❖〝外野の批判〟に耳を貸すな

スティーヴン・R・コヴィーの『7つの習慣』には、新大陸発見の偉業を讃える晩餐会に招かれたコロンブスの話が紹介されている。コロンブスの成功に嫉妬した浅はかな廷臣が、出し抜けにこう質問した。

「なにもあなたが西インド諸島を発見しなくても、その程度のことができる男はスペインにはいくらでもいるでしょう」

　コロンブスはそれには答えず、その場に居合わせた人々に卵を立ててみるように言った。全員で試してみたが、誰一人として成功しない。すると、探検家は卵をテーブルに打ちつけ、端をつぶして卵を立ててみせた。

「それでいいのなら、誰にだってできるじゃないか」と、その廷臣は叫んだ。

　コロンブスは答えた。

「そのとおり。もしそれでいいとわかっていればね。私が新世界への航路を発見した後からなら、その航路にそって進めばいいだけのことだ」

　問題の解決策を見つけることに比べたら、人のことをあれこれと批判するほうが百倍簡単だ。そして批判に耳を傾けても、ろくなことはない。

　作家アルフレッド・アーマンド・モンタパートは言う。

「大多数の人は障害に目を奪われ、目標を見いだせる人はわずかだ。歴史を見れば、成功は後者のものであり、前者は忘却という名の褒賞を得るばかりである」

　あなたが「これ」と見込んだ相手には、外野の声は無視し、全体像を見失わずにすむように手を貸してあげること。もちろん**外野を黙らせるには、問題を解決し、前進するのが一番だ。**

❖「ガックリした」後の〝リカバリー力〟が大切

大リーグの新人選手が、最盛期の大投手ウォルター・ジョンソンと対戦することになった。早々とツーストライクを取られたバッターは、審判に「三振は見飽きたから、スリーストライクは言わないでくれ」と言い残し、自分のチームのベンチに向かって歩き出した。

たしかに、難題にぶつかると、ほとんどの人はガックリくるものだ。

だからこそ、あなたが目をかけている相手には、問題への対処法や、問題を解決する際の戦略を教えておくことが大切になってくる。何があっても積極的な姿勢をくずさず、チャレンジし続けられる心構えを伝授しよう。

経営のエキスパート、ケン・ブランチャードは、四段階の問題解決法を推奨している。

1　問題を明らかにする
2　問題解決の理論を構築する
3　その理論を実行した時の結果を予測する
4　全体を見ながら、使うべき方法を選ぶ

ブランチャードによれば、「休暇か、妻か、それとも政党か、候補者か——いずれかを選択する時には、とにかく考えるしかない」。

解決不可能な問題はない。時間をかけ、考えに考え、前向きな姿勢を失わなければ、どんな問題でも解決できる。

❖解決策は〝シンプル〟かつ〝迅速に〟出させる

効果的に問題を解決する秘訣がいくつかある。

一つ目は、**シンプルな解決法のほうが工夫を凝らした方法よりも有効だ**ということだ。たとえば、発明王トーマス・エジソンがよい例だ。エジソンは独特なやり方で技術者を雇っていたという。希望者には最初に電球を渡して、「この中にどれだけ水が入るか」と質問する。

答えを出すには二つのやり方がある。一つは、電球のサイズを計測し、そこから得た数字を使って表面積を計算するというやり方だ。これだと答えを出すのに二十分ほどかかることもある。もう一つは、電球の中に水を入れ、それを計量カップで計測する方法だ。これなら一分とかからない。

エジソンは一つ目の方法で答えを出そうとした技術者を雇ったことはなかった。彼が求めていたのは、簡単な方法で答えを出せる人であって、むずかしい計算でエジソンをうならせようとする人ではなかった。

問題解決の二つ目の秘訣は、**意思決定の力**である。

ＩＢＭを世界企業に育て上げたトーマス・Ｊ・ワトソン・ジュニアは、素早い意思決定こそ企業が成長・発展していく必要条件だと考えていた。

「解決だ。素早い解決。正しくても、間違っていてもいいから、とにかく解決だ。もし間違っていれば、後で大打撃をこうむることになるが、そうなったら、二度目は正しい解決策を講じればいい。何もせずに水の中に横たわっているだけなら、それ以上の危険もなく、楽でいいが、企業を動かしていく上では間違いなく致命的なやり方だ」

意思決定をダラダラと引き延ばすことは、企業に限らず、人生にとっても致命的だ。軌道修正がいつ必要なのか、有効かつ単純な解決策は何かを知り、手遅れにならないうちに実行する大切さを教えよう。

航路をはずれたまま進み続けることは、避けなければならない。

❖安易に〝救いの手〟を貸すな

問題にぶつかったり、間違いを犯したりした時に、すぐに救いの手を差し伸べてしまうと、本人が自分の力に自信をなくしてしまうことがある。あなたがやるべきは「手出し」ではなく、相手を励ますことだ。

ジョージ・マシュー・アダムズは、「自信を持つことは、あなたの人生で何よりも大切だ。収入よりも、家よりも、社会的地位よりも、他人があなたのことをどう思っているかよりも」と言っている。

人間としての器量の大きさや問題に立ち向かう態度のほうが、問題の大きさよりも大切だ。とにかく自信を持たせること。そうすれば、どんな障害も乗り越えることができるだろう。

❖最善を尽くして〝相手の一番よい部分〟を引き出せ

優れたメンターは、自分が導いている相手と共に旅をする。方角だけを示して、いなくなってしまうことはない。

作家のリチャード・エクスリーは、友情を次のように説明している。

「真の友人とは、あなたの心の奥底の声に耳を傾け、理解してくれる人のことである。あなたが苦労している時は支えとなり、あなたが過ちを犯した時は愛情のこもったやさしさで、過ちを正してくれる。そして失敗しても責めたりしない。真の友人は、あなたの人間としての成長を促し、可能性を最大限に引き出してくれる。しかも、あなたの成功を自分のことのように喜んでくれる」

人を導くのは簡単なことではない。そして、あなたも、相手も、決して完璧な人間ではない。だから、ヘンリー・フォードの言葉だけは頭の片隅に置いておくといい。

「最良の友とは、あなたの一番よい部分を引き出してくれる人のことである」

これを実現できるように最善を尽くせば、多くの人を助けることができるだろう。

一度、問題を効率的に解決し、自分自身で航路を決められるようになれば、その人の人生は劇的に変わり始める。どんなに困難な状況にぶつかっても、「自分には能力がない」と思うことはない。柔軟に対応する方法を身につけていく。そして問題を解決することが習慣になれば、この先どんな問題にぶつかっても、「手にあまる」ということがなくなるだろう。

そして、相手が一番つらい思いをしている時にあなたが支えとなってあげれば、相手はあなたと一生つき合っていきたいと思うだろう。

カリスマの「求心力」⑧

「常勝チーム」をつくれ

〝結束力〟を高める

Becoming a Person of Influence

人との絆を築くことは、メンタリングの大切な役割の一つである。誰かの人生のよきアドバイザーになる時は、しばらくの間その人に寄り添って共に人生を歩み、障害や難問にぶつかった時は支えにならなければならない。

しかし、誰かと絆を築くとは、お互いが働きかけることで、双方のプラスになるような結果を生むことである。

人々との絆を築くというと、操車場の列車が頭に浮かぶ。

操車場では、バラバラになった車両が連結されて、一本の長い列車になる様子が見られる。そして先頭の車両が動き出せば、目的地に向かって進んでいく。

「指導する人」と「指導を受ける人」の関係は、まさにこの連結された列車と同じなのだ。

✴〝最強チーム〟を築く「9つのステップ」

人と良好な関係、固い絆を築くために高度な技術は必要ないが、それなりの努力は欠かせない。大切なのは、コミュニケーション・スキル、利他の精神だが、一番重要なのは、相手をどこまで導いていくかというヴィジョンである。

次に挙げる九つのステップを、あなたが育てるべき人、指導すべき人との間に絆を築き、最強のチームをつくるために活用してほしい。

1 相手の〝頑張り〟をきちんと評価

相手の価値を正しく理解していなければ、その人と結びつきを持ち、導くことはできない。十分な力のないリーダーは、得てして自分が目指すヴィジョンに心を奪われがちだ。そして、周りで頑張っている人のことを忘れてしまう。

「自分についてくるのは当たり前だ」と思った瞬間にリーダーの統率力は消滅し、二度と絆を築くことはできない。

相手がついてきてくれるのが当たり前だと思っていると、どういうことになるか。元下院議長、ティップ・オニールの話を聞いてみよう。選挙の日、近所に住む昔からの知り合いが投票所から出てきて、オニールに言った。

「ティップ、頼まれなかったけど、投票してあげたわよ」

オニールはびっくりした。

「オブライエンさん、あなたのことは生まれた時から知っていますよ。ゴミを出してあげたり、芝刈りをしてあげたり、雪かきだってしてあげたじゃないですか。わざわざ頼むまでもないと思っていました」

「ティップ」と、彼女は母親のような口調で言った。

「頼まれるのは、いつだってうれしいものなの」

オニールは、そのアドバイスを決して忘れなかった。

人の価値を知ることは、絆を築くための第一歩であり、いろいろな利点もある。あなたが人を大切にすれば、相手もそれに応えてくれる。

コロラド州立大学の元フットボール・コーチ、ビル・マッカートニーは、「誰かを低く評価することは神の創造物に疑問を差し挟むようなものだ」と言う。互いの間に強固な絆を築くために相手のことをどんなに大切に思っているか、臆することなく相手に伝えよう。

2 人を巻き込む〝人間力〟

人を動かし、巻き込んで何か「大きなこと」をやりたいと思っているのなら、「人とは違うこと」をやらなければならない。

✴〝刺激的な生き方〟を心がける

誰でも「すごいこと」をやってのける可能性を秘めている。だが、願望を実現するにはまず自分を信じ、人のために進んで身を捧げなければならない。ヘレン・ケラーが言うように、「人生は刺激的だ。それも人のために生きる時が一番刺激的」なのである。

＊〝分かち合いの精神〟を忘れない

私は、多くの人々と絆を持ち、語り合うことに多くの時間を費やしてきた。もし、他者のために力を尽くすこと、人と分かち合うことが、リーダーとしての人格を磨くことだと思っていなければ、明日にでもこの仕事を辞めるだろう。

あなたの力で、他の誰かの人生をよりよいものにできるという信念を持つこと。**自信のない人には、誰もついていかない。**あなた自身が信じていないのに、他の誰が信じてくれるというのだ。

＊〝高く評価〟するから、〝高いパフォーマンス〟を上げてくる

私たちは、一緒にいる時間が長くなると、互いに相手に対する態度が似てくる。

言い換えれば、常に相手のことを高く評価し続けていると、やがて相手もあなたのことを高く評価するというわけだ。その過程で二人の間に強い絆ができ、強力なパートナーシップが生まれる。

✳"チームの力"を理解する

マザー・テレサは、自らの言葉どおりの生き方を実践した。

「あなたができないことを私がやり、私ができないことをあなたがやる。一緒にやれば、私たちは偉業を成し遂げられる」

一人の力ではどうしようもないことでも、誰かとパートナーを組めばできることもある、**チームの力を理解できない人は、十分な能力を発揮できない**ものである。

あるオルガン弾きの話を紹介しよう。

そのオルガン弾きは町から町へ旅をしながら、コンサートを開いていた。コンサートの間中、オルガンに空気を吹き込むために、それぞれの町で、少年を雇った。

ある時、コンサートが終わっても、一人の少年がなかなか帰ろうとせず、オルガン弾きが泊まっているホテルまでついてきてしまった。

「今夜の僕たちのコンサートはなかなかの出来でしたよね」

「『僕たち』だと?」と、オルガン弾きは言った。

「これは私のコンサートだ。お前はさっさと家に帰れ」

次の日の夜、演奏が中間部の壮大なフーガにさしかかったところで、突然オルガンの音が出なくなった。オルガン弾きは茫然自失となった。すると、少年がオルガンの向こう側から顔を出し、ニヤニヤしながら、こう言った。

「今夜の僕たちのコンサートはイマイチですよね」

高いレベルを目指すには、チームの力を常に念頭に置いて、あらゆる機会にそのことを確認しよう。

3 〝自分から〟コミュニケーションをとりにいく

『エクセレント・カンパニー』の著者トム・ピーターズとナンシー・オースティンは、「従業員や顧客と経営者が接点を持たないから生産性が下がる」と指摘する。

指導者と指導を受ける者との間に接点がなく、コミュニケーションが欠如していれば、組織の大きさ、性質に限らず、悪影響が出る。

販売のエキスパート、チャールズ・B・ルースの言うように、「顧客に友情しか提供できないセールスマンのほうが、友情以外はなんでも提供できるセールスマンより成績のいい場合が多々ある」というわけだ。

今よりももっと絆を深めることができるのに、実行に移さない理由は様々だろう。

一番大きいのは、特に組織内においては、部下のほうから積極的に上司と接触を持とうとするのが当然だと考えている上司が多いことである。しかし、実際には逆であるべきなのだ。

優れたリーダーは、自分から行動を起こすものだ。上司が自分から部下と接触し、現場にも足を運び、絆を築こうとしない限り、十中八九、部下と強い絆で結ばれることはない。

4 「共通点」を見つけ、〝感情的つながり〟を強化

相手との絆を築くには、まず意見が一致する点を見つけるといい。つまり、「共通点」を見つけることだ。4章で述べたように、相手の話をきちんと聞くスキルが身についていれば、必ず探り当てることができるはずだ。

たとえば、趣味や住んでいる場所、仕事、スポーツ、子供について話をしてみよう。相手と絆を深める場合、話の内容よりも、話す時の態度に気をつけること。興味を示し、相手の立場に立って考え、率直で、感じよく振るまえば、半分はうまくいったも同然である。

人間は、**「すべての条件が同じなら、自分と似た人と取引をする。すべての条件が違っていても、やはり自分と似た人と取引をする」**と言われているぐらいなのだ。

たとえ共通点が見つかっても、その話題にふれられたくないと思うことがある。もし、相手のためらいを察知したら、もっと感情面での共通点を見つけたほうがいい。

それには「フィール－フェルト－ファウンド」という手法がある。

最初は、相手が感じている（フィール）ことを感じ取り、「そんな感情を抱くのはもっともだ」と認める。あなた自身も過去に同じように感じた（フェルト）経験があれば、そのことを相手にも伝える。最後に、あなたが経験によって見つけた（ファウンド）、そうした感情への対処方法を伝えるようにする。

いつも相手との共通点を見つけるように心がけていれば、どんな人とでも話が弾む上に、相手の素の姿を知ることができるだろう。それができれば、絆を築くのもむずかしいことではない。

5 相手の「思考・行動原理」を知り、尊重する

相手との共通点を見つけることも大切だが、同時にお互いの相違点を認め合うことも大切だ。それこそが人生最大の喜びなのだが、必ずしもそう思っていない人もいる。

人を理解するための便利なツールとして、フローレンス・リタウアーの『パーソナル・プラス』という本がある。その中では、人間の性格を四つにタイプに分けている。

○**楽天的な人**
楽しいことが好き、外交的、つき合い重視、才気煥発、お気楽、人気者、芸術家肌、感情的、率直、楽天的

○**悲観的な人**
完璧主義、内省的、仕事重視、芸術家肌、感情的、目標重視、几帳面、悲観的

○**冷静な人**
平和主義、内省的、感情を表に出さない、強い意志、つき合い重視、悲観的、強い目的意識

○**短気な人**
権力志向、強い意志、思い切りがいい、目標重視、几帳面、感情を表に出さない、外向的、率直、楽天的

あなたの周りにいる人は、必ずこの四つのカテゴリーのどれかに当てはまる（でなければ、二つの混合型）。

たとえば、私は典型的な「短気な人」で楽天的な性格である。楽しいことが大好きで、思い切りがよく、ほとんどの場合、自分が主導権を握ろうとする。それに対して本書の共著者であるジムは、冷静で悲観的な性格である。ものごとをよく分析して考え、感情に流されることがなく、自分の考えを人に明かさないことが多い。

人との絆を深めるには、性格の違いを認め、相手の思考、行動原理を理解すること。

相手が短気な人なら、その力強さを認めて、絆を築くといい。また、悲観的な人が相手なら集中力、冷静な人なら強い意志、楽天的な人なら気持ちの高まりが、絆を築くためのカギになる。

劇作家ジョン・ルーサーは言う。

「持って生まれた才能、知性、高度な教育――どれも成功を確約するものではない。他何かが必要だ。それは、人が何を望んでいるかを知る感受性と、それを快く与えようとする気持ちである」

人々の性格に注目し、本来の姿を知るよう心がけること。そうすれば、あなたの感受性と理解力の素晴らしさを認めてもらえる。

6　相手が「何を大切にしているか」に敏感になる

鉄鋼王アンドリュー・カーネギーには、人を理解し、その人が何を大切にしているかがわかる「不思議な力」が備わっていた。

スコットランドで少年時代を過ごしていた時、飼っていたウサギに子供が生まれた。カーネギーは近所の子供たちに餌になるクローバーとタンポポを集めてもらい、そのお返しに、子ウサギに名前をつけさせたという。

大人になってからも、彼は人の気持ちをよく理解していたようだ。

ペンシルバニア鉄道に鉄鋼を売りたいと考えたカーネギーは、ピッツバーグに新しい製鋼所を造り、ペンシルバニア鉄道の社長にあやかってJ・エドガー・トンプソン製鋼所と名づけたのだ。それが功を奏して、トンプソン社長はその後、鉄鋼はすべてカーネギーから購入するようになった。

カーネギーのようになれというわけではないが、「相手が何を大切にしているか」に敏感になること。つまり、その人の人生に入り込むための「カギ」を見つけるのだ。

その人の「思考」を理解するには、「これまでの実績」を調べ、「心」を理解するには、「何をしたがっているか」を調べればいい。そうすればカギを見つけることができるだろう。

ただし、見つかったカギは正しく使わなければならない。カギを使う時は本人の許しを得、その人のためになる使い方をしよう。決して、その人を傷つけることを目的として使ってはならない。

7 〝才気煥発〟より〝誠実・率直〟が効く

また、人を動かし、相手との間に絆を築こうと思い立ったら、**率直な言葉、真摯《しんし》な心**で相手に語りかけなければならない。

心理学の学位を取ったばかりの若者が、高齢者のグループのために講演をしてほしいと頼まれた。四十五分間の話の中で、彼は老後を優雅に過ごすにはどうしたらいいかについて熱弁をふるった。講演が終わると、八十一歳になる老女が若者に話しかけた。

「語彙《ごい》と発音は申し分なかったわね。でも一つ言っておきたいの。年を取ればわかると思うけど、あなたが何を言いたいのか、さっぱりわからなかったわよ！」

コミュニケーションにおいては、素直な気持ちほど大切なものはない。それは一対一のコミュニケーションでも、聴衆を前にしてのコミュニケーションでも、同じである。

知識が豊富で、話もうまく、いくら才気煥発であっても、誠実な人、心から相手の役に立ちたいと思っている人にはかなわない。

エイブラハム・リンカーンは、コミュニケーションの巧みさでは定評があったが、その秘訣は真摯な話し方にあった。一八四二年、リンカーンはワシントン禁酒協会の会員の前で「禁酒改革における慈善事業」と題する講演を行なった。その中に、次のような件《くだり》がある。

「あなたが正しいと信じることを人にも勧める時は、まず、その人の誠実な友人にならなければならない……相手の判断に口出ししたり、行動を束縛したり、毛嫌いしたりすれば、相手は自分の殻に閉じこもってしまう……そうなってしまったら、その人と心を通い合わせるのは、亀の固い甲羅に麦わらで穴を開けるよりむずかしい」

コミュニケーションを通して絆を築くには、心からの声で語りかけ、自分を偽らないことだ。

8 〝共通の経験〟で相手との間に「橋」をかける

ジョセフ・F・ニュートンは、**「人間が孤独なのは、橋ではなく壁をつくってしまうからだ」**と言っている。より堅固かつ永続的な関係をつくる、つまり相手との間に〝橋〟をかけるには、「共通の経験」を持つことだ。

食事、野球観戦、視察旅行、なんでもいい。経験を共有し、共通の歴史をつくり上げることが、絆を強めてくれる。さらに、逆境に見舞われると結束が強まるのも事実だ。

こうした絆の大切さは、大リーグ初の黒人選手ジャッキー・ロビンソンのキャリアを見てもわかる。ロビンソンは、黒人であるがゆえに、球場では必ず観客からのブーイングやいやがらせを受けていた。

ある日、ブルックリンでのホームゲームでエラーをしてしまい、地元のファンに野次を浴びせられた。

二塁ベースに立ちつくし、野次に耐えていると、ショートのピー・ウィー・リースが近づいてきて隣に立った。そしてロビンソンの肩に腕を回し、観客をじっとにらみつけた。すると観客はしんと静まりかえった。

後年、ロビンソンは、このことがなければ自分の選手生命は終わっていただろうと語った。

相手が逆境にある時こそ、あなたの力の及ぶ範囲で橋をかける手だてを考えよう。あなたの築いた絆が非常に強固なものになれば、最強のチームづくりへの足がかりができたも同然だ。

9 〝強い絆〟こそ「自発性とやる気」を引き出す

経験の少ないリーダーが犯しがちな間違いは、絆ができる前に相手を動かそうとすることだ。絆を築くというプロセスなしに、相手を動かそうとすると、不信感をあおり、反発や関係の悪化を招きかねない。

我が身を削って分け与える気概がなければ、リーダーとして人を導くことはできない。

「リーダーシップとは、将来その人が自発的にあなたと共に新しいことに挑み、偉業を成し遂げたいと考えられるよう、今目の前にいる人を育てること」とも言える。

それもすべて、強い絆があってこそである。

カリスマの「求心力」⑨

思い切って「任せよ」

〝後ろ盾〟になる

Becoming a Person of Influence

ユタ州ソルトレイクシティの近くにあるディアバレーは非常に美しいところだ。冬はスキー、夏は緑豊かな山々と野の花が咲き乱れる草原。休暇でゆったり過ごすのにもいいし、スタッフとの会合などにも最適だ。

この一年間は、ディアバレーのスキー場のすぐ上にある何軒かのコンドミニアムを十組ほどのカップルで借り、素晴らしい時間を過ごした。

そろそろ引き上げようと、荷物をまとめ、チェックアウトするために事務所に立ち寄った。支払いをする時になって、一組のカップルが部屋の鍵をうっかりコンドミニアムに忘れてきたことがわかった。

「鍵の紛失は二十五ドルいただくことになっています」と、係員は言った。

そう言われて、私は少なからず驚いた。私たちは八年間もお得意さんで、この数週間だけでも何千ドルという金額を支払っていた。私はこう返した。

「決まりはわかりますが、鍵は部屋の中にあるんですよ。取りに帰っていたら飛行機に乗り遅れてしまう。その二十五ドルはなかったことにしてもらえませんか」

「だめです。二十五ドルを加算する規則になっていますので」

私が長年その会社を愛用してきたことや、追加料金を取られるのは不愉快だと言っても、彼は頑《がん》として譲らなかった。それどころか、ますます意固地になるので、私はイライラしてきた。そこで待っている間に、私は頭の中でこれまでいったい、いくらお金を使ったか、計算してみた。この男は、二十五ドルの鍵代のために十万ドルの商売をふいにしようとしていたのだ。

結局、追加料金を払って、出発した。飛行場への道すがら、このことについて話しているうちに、間違っているのは係員ではないと思った。本当の問題は、オーナーが係員に正しい教育をしていないことだった。

✳〝規則〟で縛るより「現場の判断」を大切にする

このコンドミニアムを経営している会社と正反対な対応をしているのは、高級デパートのノードストロームだ。以前、子供のズボンの裾上げを店員にお願いしたことがあった。次の日は朝早くに旅行に行くという話をすると、店員は当然のように夜のうちに仕上げて、家まで届けてくれた。しかも、私が買ったのは、そのズボン一着だけだった。

たくさん買い物をしたからではなく、そのズボン一着だけのためにそうしてくれたのだ。ノードストロームのサービスの素晴らしさは有名だ。そこで買い物をしたことのある人なら誰でも経験があるだろう。社員の並外れた素晴らしさは、会社が現場に権限を渡しているからだ。社員に「現場の判断を任せる」という経営哲学は、入社時に社員全員に渡される心得書きに凝縮されている。

★ノードストロームにようこそ

あなたを我が社の一員として迎えることをうれしく思います。
我が社の第一の目標は、お客様に優れたサービスを提供することです。
人生の目標も仕事の目標も高く設定しましょう。
皆さんにはそれを達成できる能力があると信じています。

ノードストローム・ルール
ルール1「いかなる状況においても、自分の判断が正しいと信じること」
それ以外にルールはありません。
質問があれば、いつでも遠慮なく、部長なり、店長なり、事業部長なりに尋ねてください。

ノードストロームは、規則ではなく、人を大切にしている。従業員を信頼し、自分を磨くことを奨励し、仕事はそれぞれの裁量に任せている。

トム・ピーターズは言う。

「高品質の商品をつくり、時間どおりにゴミを収集するのはテクニックではなく、人である。そして、気配りのできる人、創造的問題解決ができる一人前の人間として尊重されるから、人はその期待に応えようとするのだ」

ディアバレーの事務所にいた支配人やスタッフは、そのことを大いに学ぶ必要がある。

✷〝人に任せられない人〟の限界

ずいぶん昔の話である。ウィリアム・ウォルコットというイギリスのアーティストがニューヨークを訪れ、この町の印象を作品にとどめたいと考えた。ある朝、スケッチをしたいという衝動に駆られた彼は、以前同僚だった人の会社を訪問した。友人のデスクにあった何枚かの紙を見ると、「それ、もらっていいかな」と尋ねた。

友人は答えた。

「それはスケッチ用じゃないよ。ただの包装紙だ」

咄嗟のひらめきを逃したくなかったウォルコットは、包装紙を手に取ると、「使い方次第で、ただの包装紙も包装紙じゃなくなるのさ」と答えた。そして、そのただの包装紙に二つのスケッチ画を描いた。

数カ月後、その二枚は大金で売れた。

上から仕事を任される立場にいる人は、ちょうどこの才能あるアーティストの手の中にある包装紙のようなものだ。素材のよし悪しにかかわらず、大きな価値を生む可能性を秘めている。

仕事の責任をうまく分け与える力があれば、個人的な成功とチーム全体の成功が同時に手に入れられるだろう。どれだけ必死に働き、どんなに魅力的な人間であっても、人に仕事を任せられない人はビジネスの世界で大成できない。

石油王だったJ・ポール・ゲティも、**「知識と経験が豊富な管理職でも、人をうまく使って結果を出せなければ、管理職としての価値はない」**と断言している。

誰かに仕事を任せたり、権限を与えたりすることは、簡単に言えば、自分の資産・資源を〝投資〟のつもりで誰かに分け与えるようなものだ。相手の力がそのことで最大限に引き出されれば、その投資は大成功だ。

もしかすると、知らないうちに誰かに権限を与えたことがあるかもしれない。

重要な決定を夫（妻）に任せ、それを後押しするというのも権限委譲の一つである。子供が一人で道を渡ろうとしている時に、渡っていいよと言うのもそうだ。もちろん部下にむずかしい仕事を任せ、必要な職権を与えることもそうである。

人に仕事を任せることは、両者にとって非常に有益だ。

権限を誰かに与えるというのは、たとえば車のような物を与えるのとはわけが違う。人に車をあげてしまえば、あなた自身は移動手段を失うことになる。だが、**権限を与える場合は、情報を共有するのと同じような効果が期待できる**のだ。

あなたが失うものは何もない。自分の価値を下げることなく、相手の能力を増大させられるのだ。

✴相手の裁量に任せる時に「一番大事なこと」

もちろん、誰かれかまわず、権限を与えろと言っているのではない。与えるにはいくつかの条件がある。

だ。

❖相手を「指導する立場」にあること

まず、当たり前だが、権限を与えることができるのは、自分が指導をしている相手だけリーダーシップのエキスパート、フレッド・スミスの説明によれば、「成功してもいいという許可を与えられるのは誰かといえば、それだけの権威のある人である。それ以外の人は元気づけるぐらいで、許可を与えられるのは親や上司、牧師のような権威を持った人でなければならない」。

勇気を与え、やる気を起こさせるだけなら、自分以外の人が指導している人であっても誰にしてもかまわない。しかし、権限を与えるには、それ相応の「立場」が必要なのだ。

❖その人の〝最高の状態〟を「正当に評価」する

権限を与えようとする時に思い出してほしいのは、「人はみな、その人の最高の瞬間を基準にして評価される権利がある」というラルフ・ウォルド・エマーソンの言葉である。

その人の「最高の状態」を「正当に評価」した上で、どの程度まで任せるかを決めること。

✷管理職としての〝適性〟がわかる10の質問

人に権限を与えたり、仕事を任せたりすることは必ずしも容易なことではない。初めての場合は、特にむずかしい。

決して平坦な道のりではないが、そこから得られるものも大きく、努力するだけの価値はある。

権限委譲に否定的な人の多くは、自分の地位を失うことに不安を覚えている。メンタリングをした相手に仕事を奪われるのではないか、自分の地位がおびやかされる日がくるのではないかと恐れているのだ。

それはひとえに変化を恐れているからだ。

自分が上昇するためには、いつまでも現状にしがみついていてはいけない。

次の質問に「イエス」か「ノー」かで答えてほしい。そして、仕事を任せることに対して、自分がどのような姿勢で臨んでいるかを確かめてほしい。

管理職適性チェック・リスト

YES NO

□ □ **1** 私は人を信じ、人こそ組織の大切な財産だと感じているだろうか。

□ □ **2** 私は人に権限を委譲することで、自分一人で達成できる業績を上回る成果を上げられると考えているだろうか。

□ □ **3** 私は権限を与えるべき有能なリーダーを積極的に見つけようとしているだろうか。

□ □ **4** 自分を超えるリーダーシップを発揮できる人材を積極的に育てようとしているだろうか。

□ □ **5** リーダーの素質を持った人材の育成に、積極的に時間を使っているだろうか。

□ □ **6** 私が教えたことが、他の誰かの功績として認められてもかまわないと思っているだろうか。

□ □ **7** 私は人が自由に個性を発揮し、その人特有のやり方をするのを認めるだろうか（それとも、すべてを自分で管理しようとするだろうか）。

□□ 8　私は権限や権力を公然と未来のリーダーに譲ることができるだろうか。

□□ 9　私は結果的に自分の地位を失うようなことを人にやらせるだろうか。

□□ 10　私は権限委譲した人にリーダーの地位を譲り、心から応援することができるだろうか。

二つ以上「いいえ」があった人は、態度を改めたほうがいいかもしれない。他人に与えられるすべてを与えても、自分は傷つかないことに気づいてほしい。

成長し、自分自身が能力を伸ばし続けている限り、あなたには常に人に与えるべきものがあり、お払い箱にされる心配はないのだ。

✷責任と権限を委譲する時の「7つの注意点」

権限を与えようと考え、相手を信頼できるようになれば、そろそろ本番である。

比較的小規模で簡単な仕事を手始めに、段階を追って、少しずつ責任と権限を委譲していこう。

相手が未熟であればあるほど、このプロセスには時間がかかる。しかし相手がくちばしの黄色い新人であっても、酸いも甘いも嚙み分けたベテランであっても、権限委譲のプロセスを最初から最後まで経験させることが重要であることに変わりはない。

それには、以下のような段階を踏むといいだろう。

1 「能力」を正確に見極める

まず手始めに、権限を譲る相手を見極めること。**もし経験不足の人に過大な権限を与えれば、必ず失敗する。逆に経験豊富な人を相手にぐずぐずしていれば、相手は苛立ち、やる気をなくす。**

リーダーが他の人の能力を見誤ると、おかしなことになる。たとえばアルバート・アインシュタインにまつわるこんな話がある。

一八九八年、アインシュタインはミュンヘン工科大学に入学願書を出したが、不合格になった。それは「彼には見るべきものがない」と判断されたからだった。

その結果、彼は進学をあきらめ、ベルンにあったスイス特許局で働くことになった。仕事の合間に、彼は相対性理論に磨きをかけ、論文を書き上げた。

忘れないでほしいのだが、すべての人間には成功する可能性がある。あなたがやるべきは、相手の持っている可能性を見極め、何が足りないかを明らかにし、必要なものを用意することだ。あなたが見込んだ人を評価するには、次の三つの領域に注目しなければならない。

✷「必要な知識」を身につけているか

あなたが任せたいと思っている仕事をするには、どういう知識が必要か考えておく。知っていて当然という考えは捨てること。直接本人に確かめ、仕事の背景についての情報を与えておこう。その仕事が組織全体のプロジェクトや方針とどう関わり合っているかを、全体像を見せながら理解させること。知識は力になるだけではなく、自信にもなる。

✷「実践で役立つスキル」を身につけているか

権限を与える相手のスキル・レベルを把握する。スキルがないのに、仕事を任せることほど無駄なことはない。その人が以前していた仕事や、今している仕事に注目しよう。今すぐできることもあれば、今はできなくても訓練や経験によって修得できることもある。あなたの役割は、その人が成功するために必要なスキルを確実に身につけさせることだ。

✴成功したいという「願望」があるか

ギリシャの哲学者プルタルコスの「豊かな土地も開墾しなければ、雑草が生い茂るばかりである」という言葉にあるように、「成功したい」という欲求がなければ、どんなスキルや知識や才能があっても、成功に導くことはできない。

あなたの権限は「成功したい」という情熱がある人に譲らなければならない。十七世紀フランスの詩人、ジャン・ド・ラ・フォンテーヌも「人間の魂に一度火がつけば、不可能は消えてなくなる」と言っているではないか。

2「何を期待しているか」を明確に伝え、〝手本〟を見せる

知識、スキル、成功への願望の三つすべてがそろった人でも、「自分に何が期待されているのか」がわからなければ、進むべき道を見失う。あなたが期待していることをわからせる最善の方法は、目に見える形で示すことである。

コロラド州の山岳地帯の農園に一人の少年が住んでいた。ある日少年は山に登り、ワシの巣を見つけた。巣には卵があった。少年は親鳥がいない間に卵を一つ取り、農場で飼っ

ている雌鳥に卵を抱かせた。

卵は一つずつ孵《かえ》り、ワシも殻を破って生まれてきたが、自分が他のひよことは違うことなどわかるはずがなかったので、他のひよこと同じように農場で暮らした。庭を歩き回って穀物の粒をついばみ、苦労しながらコッコッコと鳴き、決して飛び立とうとはしなかった。鶏小屋を囲む塀の高さは、ほんの数フィートしかなかったのに。

それは、ワシが他のひなはもちろん、継母の雌鳥をはるかにしのぐ大きさに成長するまで続いた。とうとうある日、野生のワシが鶏小屋の上を飛んでいった。若いワシはその声を聞き、野生のワシが野原のウサギに襲いかかるのを見た。

そしてその瞬間、若いワシは自分が裏庭を歩き回るひよことは似ても似つかないことに気がついた。翼を広げると、あっという間にワシはもう一羽のワシの後を追っていた。


仲間が飛んでいるのを眼にするまで、そのワシは、自分にどんな力が備わっているか、わからなかったのだ。

あなたが権限を与えたいと考えている人も、空を飛ぶとはどういうことか、自分の目で見なければならない。それを見せるのは、もちろんあなただ。その人に身につけてほしい姿勢や仕事をするための倫理観の手本を示すのだ。

そして機会を見つけては、必ず一緒に仕事をするよう心がけよう。それが、あなたが何を期待しているかを教え、理解させる最善の方法である。

3 成功への〝パスポート〟を渡す

リーダーとして、「人を動かす側」にいるあなたは、誰もが自分と同じように成功を夢見るし、そのための努力は惜しまないものだと思っているかもしれない。ところが、全員があなたと同じような考え方をしているとは限らない。

あなた以外の人も成功できると希望を持たせ、あなたも相手の成功を望んでいることを知ってもらわなければならない。では、どうすればいいのか。

✷心の底から相手の成功を期待する

『仕事がダントツに伸びる7つの冴えた方法』の著者、ダニー・コックスは、「重要なのは、周囲に伝染するほどのわき上がるような熱意があなたになければ、心に秘めた別の何かが伝染してしまうことだ」と警告する。

あなたがいくら表面的な言葉や行動で〝熱意溢れるリーダー〟を演じてみても、相手はあなたの「心の底」にある情熱の温度を感じ取ることができる。

たとえば本当は部下の成功をさほど期待していないような場合、相手にもそれが伝わってしまうものだ。

✴「君ならやれる」と成功を予言する

相手は、あなたの口から自分への信頼や期待の言葉を聞く必要がある。あなたは絶えず「君ならやれる」と言い聞かせなければならない。時には激励の言葉をメモ書きで渡すのもいい。あなたは常に前向きに、成功を予言しなければならない。

✴相手の〝いいところ〟をとにかく誉める

人を信じて信じすぎるということはない。

リーダーシップのエキスパート、フレッド・スミスは、相手の「いいところ」はできるだけたくさん誉めることにしている。彼のやり方はこうだ。

「何かがうまくいった時は、相手が自分に自信を持ち、さらに可能性を広げられるように、心がける。『そりゃすごい！』と声をかけることに始まり、翌日には、また誉める。そして『去年はこんなことができるようになるとは思っていなかったでしょう。来年になったら、いったいどこまで伸びるか楽しみだ』と鼓舞するのだ」

あなたが心の底から相手の成功を望み、きちんと指導すれば、相手も任された仕事をやり遂げられるという自信を持つようになるだろう。

4 問題を解決し、難問に挑む〝チャンス〟を与える

「責任」を人に譲ることには抵抗を感じない人が多い。しかし、こと権限委譲となると話は別だ。何しろ、あなたの「権力」を分け与えることなのだから。

経営の神様と言われるピーター・ドラッカーは、「部下が精力的かつ有能であるために管理職が苦労することはない」と主張する。

そして、部下が精力的で、有能であるためには、自ら決定を下し、行動を起こし、問題を解決し、難問に挑む「チャンス」が与えられなければならない。

権限を与えるとは、あなたの監督の下で、部下が自立して仕事をする力が身につくよう、手助けすることでもある。W・アルトン・ジョーンズ（石油会社の経営者。テキサス州から東海岸までのパイプラインを完成させた）は、「もっとも満足できる結果を得るのは、必ずしも優秀で、一途な人間とは限らない。むしろ仲間の頭脳と才能をうまく組み合わせ、調整できる人間であることが多い」と考えていた。

権限委譲をしたばかりの時は、その人がうまく対処できる程度の課題を与えるといい。

小さな成功体験を積むことで自信を持ち、自分の権限を賢く使いこなす術を学んでいくに違いない。

成果を上げられるようになったら、よりむずかしい課題を与えよう。目安としては、あなたの八割程度の仕事ができるようになれば、その仕事は全面的に任せても心配ない。最終的な目標は、その人が困難にぶつかっても自分で切り抜けられる力を身につけさせることだ。時が経てば、その人自身が人を動かせるようになり、もはやあなたの助けを必要としなくなるだろう。

5　公然と「後ろ盾」になる

相手に初めて権限を譲り渡そうとする時は、いかに相手を信頼しているかを本人に伝える必要がある。それも**人前で公然と**行なうべきだ。多くの人の知るところとなれば、あなたがいかに相手を信頼しているかは自ずと相手に伝わる。

周囲の人にも、その人にはあなたという「後ろ盾」があることを知らせる、またとないチャンスだ。つまり、**自分の影響力、存在感をうまく使って、権限を譲る人を権威づける**わけだ。

私が自分の部下に権限を与え、公然と信頼を示した例を紹介しよう。

今では私にとってなくてはならない存在であるダンは、私のところで働くようになった頃、大学院を出たばかりのインターンだった。才能豊かだったが、まだ荒削りな印象があった。彼とは実にいろいろな経験をした。私は彼の手本となり、時には励まし、メンタリングもした。そして短期間で、彼は押しも押されもしない影響力のある牧師に成長した。

わずか数年で、ダンは私の右腕になった。新しいプログラムをつくり、実行することになると、彼が頼みの綱ということがよくあった。その件に関する権限を与え、全面的に仕事を任せた。しかも、彼は私の期待によく応えてくれ、回数を重ねるごとに、より大きなプロジェクトを任せられるようになった。

彼は最初から最後まで責任を持って仕事をし、プロジェクトを実現させ、継続していくための新しいリーダーの育成も終わると、私のところへ次の仕事をもらいにくるのだった。

一九八九年、ダンが私のところで働くようになって六、七年経った頃、いわば最高総務責任者ともいうべき仕事をしてくれる主任牧師を雇うことになった。私はすぐにダンにこの仕事を引き受けてもらうことにした。

組織の内部からリーダーを抜擢しようとすると、周囲の人間の怒りを買ったり、抵抗にあったりしがちなので、ある戦略を練った。

ダンに権限を与えることにしてから、私は機会があるごとに公の場で彼を称賛し、いかに彼を信頼しているかを示したのだ。つまり、ダンの言葉は私という権威に裏付けられていることを全員に印象づけるようにしたわけだ。その結果、他のスタッフはすぐにダンの下に結集するようになり、新しいリーダーとしての彼の権限は揺るぎないものになった。

あなたという権威が後ろ盾にあるとわかると、援護射撃をしてもらっている気持ちになり、その人は成功に向かってどんどん力をつけていくだろう。

6　仕事の結果は〝建設的に総括〟させる

公の場で部下を誉めることはたしかに必要だが、あなたの率直かつ建設的なフィードバックなしでは、彼らも長続きはしない。

一対一で、その人の失敗、間違い、不適切な判断について、きちんと総括すること。はじめのうちは苦労するのも当然なので、鷹揚に構えていればいい。できて当然の安易な仕事ではなく、やり甲斐のある仕事を与えるようにする。少しでも進歩の跡が見られたら、大いに誉めよう。人間は誉められるとやる気になる。

7 大役を与え〝自由に〟行動させる

権限を与えようとしている相手が誰であれ、究極的に目指すべきは、その人が自分の判断で正しい決定を下し、自分の力で成功することである。

それはとりもなおさず、その人の準備が整い次第、できるだけ自由にさせてやることだ。

リンカーン大統領は、リーダーの立場にある人たちに権限を与えるのが巧みだった。たとえば、一八六四年にユリシーズ・S・グラント将軍を北軍の総指揮官に任命する時は、次のようなメッセージを送った。

「私は貴君の予定を尋ねるつもりもなく、知りたいとも思いません。ただこの大役を引き受け、行動し、支援が必要な場合はいつでも私のところへ来てください」

これこそ見習うべき姿勢である。権限を与え、責任ある立場に置いて、必要に応じて支援することが大切なのだ。

✴組織が勝ち残っていくための〝最重要課題〟

企業であれ、どんな組織であれ、権限委譲はリーダーにとって最重要の課題である。権限委譲によって、あなたが育てようとしている人に自信とやる気を与え、仕事の効率を向上させるだけでなく、あなた自身も改善され、自由な時間が増え、組織全体の成長と健全性が促進される。

ロサンゼルス市の事業調整役を務めるファージン・マジディの権限委譲に関する考え方はこうだ。

「私たちが必要としているのは、権限委譲をして、リーダーをつくり出すリーダーです。管理職は全員に仕事を与え、成果を出すだけでは十分に役割を果たしているとは言えなくなっているのです。最近は、自分の会社の『株を買う』ように、経営者感覚で仕事ができる社員が求められています。そんな社員を増やすには、従業員自身に直接関わってくる決定は本人に任せることです。そうすれば、その従業員は最善の決定を下すことができます。それが権限委譲の真髄です」

組織が勝ち残っていくためにも、リーダー養成は最重要課題なのだ。

カリスマの「求心力」⑩

「志のバトン」をつなげ

これをやり遂げて〝責任完了〟!

Becoming a Person of Influence

私は多くの仕事をしていく中で、いつもバトンを次の走者に渡してきた。もしバトンを渡しそこなっていたら、今のような成功はなかっただろう。そして、いよいよ皆さんにそのバトンを渡すべき時がきた。

✴最後の仕上げはバージョンアップした〝自分の複製〟をつくること!

ここまで「人の動かし方」を習得した人なら、バトンの渡し方はわかっているはずだ。品格ある生き方をし、周りに手本を示すことの大切さを知っている。人を育て、やる気を持たせ、信頼し、相手の言葉に耳を傾け、理解する術もすでに学んだ。人が成長するのは、適切なアドバイスを与えた時だけであることも知った。

才能を伸ばし、困難にぶつかった時には、進むべき道を示し、時期がきたら権限を譲らなければならない。そして、ついにバトンを渡すべき時がきた。もしうまく渡すことができなければ、レースは終わってしまう。その人は走り続ける目標を失い、勢いが失われ、すべては水泡に帰するだろう。

つまり、**最後の仕上げとして、自分の複製をつくることが大切**なのだ。ただあなたの言うとおりに動くだけではなく、自発的に問題を解決し、人材を次々に育成するリーダーが組織の中で生まれてくれれば、様々なメリットがある。

❖あなた自身の「影響力」が増大する

「人を動かす力」のない人をいくら育てたところで、あなた自身の影響力が広がることはない。しかし、後進に真のリーダーを育てれば、その人が指導した人にもあなたの影響力が及ぶことになり、あなたの影響力は無限大に広がっていく。影響力が増大すればするほど、あなたが手を差し伸べ成長させられる人の数も多くなる。

❖「時間と人材」を有効に活用できる

リーダーを育てていく過程で、自分自身のスキル、経験、管理職としての価値は飛躍的に高まっていく。部下がリーダーシップの取り方を身につければ、彼らは前にも増して賢く、有能なアドバイザーになる。また仕事を分担し、権限を譲ることができるので、時間を有効に活用できる。

おまけに、**あなたが育てた人は一様にあなたに忠誠心を持つだろう。**

❖組織の〝拡大・発展〟が約束される

ミッドパーク社（米国の農業用鉄鋼製品を中心とするメーカー）のG・アラン・バーナード社長は、リーダーの育成について大局的に捉えている。

「優れたリーダーは、自分よりも優れた人材を常に近くに置いている。これこそがリーダーのリーダーたるゆえんである。自分より才能のある人材を雇い、登用することを恐れてはならない。そういう人材こそが、あなたを助け、組織を強化してくれるのだ」

リーダーを育てることは、組織の存続という意味でも死活問題だ。トップダウン式で人材が育っていない組織は、そのトップが不慮の事故に遭ったり、引退したりしただけで、立ちゆかなくなり、存続さえ危うくなるだろう。

✴後進が次々育つ「3つの行動指針」

リーダーを育て、増やしていくことで、自分の影響力を飛躍的に拡大していける。以下の行動指針は、あなた自身がその役割を担っていくための拠り所となるものだ。

❖リーダーとしての〝資質〟を磨き続ける

人を導くには、その前提として自律できた人間であるべきだ。

品格、優先順位のつけ方、ヴィジョンの策定、自己統制、問題解決能力、積極性等の資質は備わっているだろうか。リーダーになるための最大の障害は自分自身なのだ。

心理学者、シェルダン・コップの言うように、**「すべての重要な戦いは自分自身との戦い」**である。

もしあなた自身が、まだ自己啓発やリーダー養成のプログラムに参加した経験がないなら、今日から始めるべきだ。セミナーのテープを聴き、研修会に行き、啓発本を読むといい。週毎に目標を定め、日々、あなた個人の成長を心がけ、鍛錬を怠らなければ、必ずや品格のあるリーダーになれ、また後進のリーダーも育っていく。

❖手柄を〝独り占め〟するな

実業家アンドリュー・カーネギーは、**「何でも自分一人でやろうとする人や、手柄を独り占めしようとする人は、偉大な指導者にはなれない」**と力説した。

「生徒の準備が整えば、教師が現われる」と言われているが、逆もまた真なりである。

あなた自身がリーダーとしての資質に磨きをかけていけば、必ずや次の世代を担う〝新星〟を育成できるようになる。そして、望みうる最高の人材を採用できるはずだ。

❖「自分本位」ではなく「チーム本位」でいく

凡庸な指導者、上司ほど、下の人間に「もっと自分を尊敬しろ」と口に出したり、そう期待したりする。しかし、偉大な指導者は、部下に「君はもっと価値のある人間なんだ」と気づかせてくれる。

ある才能豊かなバスケットボール選手は、「試合で自分がどれだけ活躍したかを測る尺度として一番大切なものは、チームメートのプレーをどれだけ向上させられたかだ」と言っている。

次世代の人材を育てる優れたリーダーには、こうした姿勢が不可欠だ。

チーム力を向上させることに力を注げる者こそ真のリーダーだ。

あなた自身はチームプレーヤーだろうか。スタンド・プレーに走っていないだろうか。

自分のチーム貢献度を調べるために、次の質問に答えてほしい。

✴チーム貢献度を測る7つの質問

1 他のメンバーの価値を高めているか

2 組織（チーム全体）の価値を高めているか
3 自分の手柄に執着せずにいられるか
4 チームには絶えず新しいメンバーが加わっているか
5 「控え」のメンバーをできるだけ使っているか
6 メンバーの多くがいつも重要な意思決定に携わっているか
7 スターをつくることよりも、チームの勝利を重視しているか

この中にいくつか「いいえ」と答えたものがあれば、チームへの姿勢を再検討したほうがいい。

「究極のリーダーとは、他の人々がみな自分の知識と能力を追い越すまで指導する人」だとも言われている。今日、米国はリーダーシップの危機を迎えている。最近、『ニュー・リパブリック』誌に、こんな記事が出ていた。

「二百年前、世界の端っこにある未開の小さな国に、突然ジェファーソン、ハミルトン、マディソン、アダムズのような人々が生まれた。当時の人口はわずか三百万人だった。今日、米国の人口は二億人である。それなのに、偉大な人物は見あたらない。本当ならフランクリン並みの人物が六十人はいるはずなのに」

消費者運動家ラルフ・ネーダーは、「リーダーの役割は、より多くのリーダーと、より多くの追随者をつくり出すこと」と言った。

おそらく二百年前のほうが、人々はこのことをよく理解していたのだろう。ところが現在では、リーダーの育成は最重要課題ではなくなっている。

しかも、生まれながらにしてリーダーの気質を持つ人が、後進のリーダーを育成するのは容易なことではない。ピーター・ドラッカーが指摘したように、「飛び抜けた才能を持った人は、人に教えるのがあまりうまくない」からだ。

しかし、繰り返すが、影響力のある人間の果たすべきもっとも重要な役割は、「リーダーを増やしていくこと」である。人を動かすためには、リーダーの育成に専心しなければならない。

✴〝現状維持モード〟では人はついてこない

ほとんどの人は「現状維持モード」で生活している。彼らが目指しているのは、進歩することではなく、現状維持である。

しかし、人の育成を目指すならば、これはもっとも次元の低い生き方と言わざるを得ない。人を動かすためには、成長し、さらなる繁栄を目指さなければならない。「現状維持」から「成長・繁栄」までの間には五つの段階がある。最低レベルから順に見ていこう。

1　人が定着しない〝不毛のレベル〟

リーダーの約二割は、五段階のうちの最低レベルにいる。そういうリーダーは自分が属する組織の人材育成に無関心なため、従業員の離職率はとてつもなく高い。人材を採用しても、誰一人としていつかない。そして、すぐ辞めていった人の代わりを採用しようと常に右往左往していることが多い。

この段階を「混乱の段階」と呼ぶ。中小企業のオーナーには、この段階のリーダーが多い。組織内の志気は低く、短期間で燃え尽きてしまう人が多い。

2　かろうじて〝生き残り〟がいるレベル

次の段階は「生き残り」モードである。ここでは、リーダーは人材育成のための努力は何もしないが、なんとか人材をつなぎとめる努力だけはしている。

組織に属する管理職のおよそ半数は、このレベルの努力しかしていない。

こうしたリーダーの下では組織は、ごく平均的なパフォーマンスしか上げられず、従業員は不満を抱いており、上司も部下も、個人的に成長しようとする人はいない。

この種のリーダーシップは誰の役にも立たない。夢も希望もなく、ただ毎日を無気力にこなしていくだけだ。

3 「部下と上司」関係で完結しているレベル

リーダーの約一割は、人を立派なリーダーになるように育てる努力をする。しかし、相手との人間関係を醸成しようとは考えない。そのため、リーダーの資質を持った人でも、「自分には別の可能性があるかもしれない」と思い、組織を去ってしまう。

いわば、コーヒーのサイフォンで吸い出されるように、せっかく育てた人材が他の組織へ流失してしまうのである。つまり、時間をかけて人を育てた恩恵を受けるのは、全く関係のない人になるのだ。その人を育てたリーダーは失望し、代わりの人を見つけて育てるために、また多くの時間を割かねばならない。

4 メンバーの志気、仕事への満足度も高いレベル

リーダーがチーム全体の人間関係を良好に保ち、部下が優れた指導者として能力を発揮

できるように権限を委譲し、組織に定着すると、素晴らしいことが起こる。いわゆるシナジー（相乗効果）で、「一＋一が二以上」になる現象が生じるのだ。

つまりチームが一つにまとまると、驚くほど高いエネルギーが生まれ、目覚ましい進歩と推進力が生まれるということだ。

このレベルにある組織では、メンバーの志気も高く、仕事に対する満足度も高く、全員が日々成長し、恩恵を受ける。シナジーを実現できるリーダーは、およそ一九％に過ぎず、彼らは非常に優秀なリーダーと考えられている。

5 リーダーがリーダーを生む〝好スパイラル〟のレベル

第4のレベルに到達したリーダーは、それより上があることを知らないため、さらなる高みを目指そうとしないことが多い。しかし、その上のレベルこそが、最重要レベルである。このレベルに達したリーダーは自分の複製として多くの後進を育て、彼らは組織にとどまって能力を発揮し、さらに次のリーダーを育てていく。

こうしてあなたの影響は、本当の意味で広がっていく。このレベルに到達できるリーダーは全体のわずか一％に過ぎないが、ここまでくれば、多くの人の成長に貢献し、「人を動かす力」をほしいままにできる。このレベルにあるほんの一握りのリーダーが、世界を動かしているのだ。

✷今日、いくつ〝成長の種〟をまいたか

ジョセフ・ベイリーが行なった「管理職として成功するための秘訣」についての調査結果が、『ハーバード・ビジネス・レビュー』誌に紹介されていた。

それによると、インタビューした三十人以上の経営幹部全員が、メンターから直接指導を受けていたという。将来、あなたの部下を幹部に育てるには、まずメンタリングが必要だ。

病院の救急治療室に勤務する看護士の間には、「見て、やって、教えろ」という言い回しがある。技術を習ったら、すぐ実践し、うまくいったら別の看護士にそのやり方を教えるということだ。

リーダーを育てるためのメンタリングも、それと同じようなものである。リーダーの素質のある人の面倒を見て、育て、自信を持たせる。そして人を動かす人間になるにはどうしたらいいかを教え、独り立ちしてリーダーを育てられるようにする。

作家ロバート・ルイス・スティーブンソンの言うように、「どれだけ収穫があったかではなく、いくつ種をまいたかでその日の成果を測る」ようにしたいものだ。

さて、人を動かし、その人に最高の人生をプレゼントするにはどうしたらいいか、これでわかっていただけたと思う。人を動かす人になるということは……

◇出会う人すべてにとっての品格ある生き方のモデルとなること
◇周りの人を育て、彼らが自分の価値を感じられるようにすること
◇人に対する信頼を示すことで、その人に自信を与えること
◇人の言葉に耳を傾け、いい関係を築くこと
◇相手を理解し、夢の実現を手伝うこと
◇人を伸ばし、その人の潜在能力を開花させること
◇人生の難題にぶつかった人に進むべき道を示し、独り立ちできるようにすること
◇相手のレベルを高めるために、絆を築くこと
◇本来の力を発揮できるように、権限を与えること
◇あなたの与えた影響がさらに広がるよう、次のリーダーをつくり出すこと

これまでジムと私は、このプロセスを単なる原則や仕事の手法以上のものにしようと頑張ってきた。**「人に投資する」ことを、自分の生きる道にしよう**としてきた。そしてその間も、人をうまく育てようと努力してきた。他の人々にいい影響を与えていると実感できることは、私たちにとって何よりもうれしいことだ。

影響力のある人、人を動かす人になると何が素晴らしいかというと、一つには、本当に目の前で相手の人生が変わっていくことである。その人がリーダーとして成功するだけでなく、次々と新しいリーダーを生み出すようになっていく。

ジムの教え子の中でも一番の成功例は、ロバート・アングカサという人物である。ロバートはインドネシア出身で、シドニー大学でMBAを取得し、シティバンクに職を得、三十歳になる頃にはジャカルタ支店の副頭取になった。

ロバートはいつでも努力を惜しまなかった。学生時代はタクシーの運転手をしたり、レストランのキッチンで働いたり、コンサートが終わった後のスタジアムの掃除をしたりした。

数年前、彼はジムがメンタリングをして成功したミッチ・サラと出会った。ミッチはジムがそうしたようにロバートをかわいがり、やる気を起こさせ、助言を与え、自信を持たせて、「人を動かす人」へと導いた。

ロバートは言う。

「ミッチに出会ったことで、私の人生は大きく変わりました。最初は親切な人だなと思いましたが、一緒に過ごす時間が長くなるにつれ、私は私でありながら、もっと彼と同じような人間になりたいと考えていることに気づきました。ミッチは、成功するには品格と努力が必要だと教えてくれました。今、私は努力によって経済的な安定を得ましたし、それ以上に言えることは、自分がよりよい人間になれたということです。

今の私があるのは、ミッチのおかげです。彼はメンターであり、友人であり、親でもあります。今度は、彼が私にしてくれたことを、他の人にしてあげたいと思っています。他の人の人生を、もっとよいものにしてあげたいのです。ありがとうという言葉だけではとても足りませんが、それ以上に私の気持ちを言い表わす言葉はありません」

現在ロバートは、インドネシア、マレーシア、中国、フィリピンなどで、何千人という人々の人生に影響を与えている。彼はミッチがメンタリングをしている選りすぐりのビジネス・リーダーの一人であり、ロバートの影響力は日に日に増している。

そしてあなたにも、ロバートと同じ潜在能力がある。そして、あなたの力で多くの人々の人生を変えることができる。

しかし、自分の能力を開花させるかどうかを「決める」のは、あなただ。

自分の持っている力を生かすも殺すも、あなた次第である。ジムはミッチにバトンを渡した。ミッチはロバートを見つけ、彼に走り方を教え、バトンタッチし、今はロバートが走っているところだ。

そして今、バトンはあなたに渡されようとしている。手を伸ばして、バトンを受け取り、ゴールを駆け抜けるのはあなただ。人を動かす力は世界を変えるのだ。

訳者のことば

この「存在感」と「視点」の持ち主に、人はついていく

齋藤　孝

　米国でもっとも信頼されているリーダーシップ論の権威、また世界一のメンターとして名高いマクスウェルは、『その他大勢から抜け出す成功法則』『夢を実現する戦略ノート』『「勝負強さ」を鍛える本』（いずれも齋藤孝訳・解説、三笠書房刊）など、これまで数多くのベストセラーを著してきた。

　企業や組織のリーダー育成、ビジネスマンの能力開発の第一人者とも言われるマクスウェルが、本書のテーマに掲げたのが、「いかにして自分の影響力、求心力を高めて、人を動かすか」である。

　人の持つ可能性を最大限に引き出すことを人生の使命としている著者が、その専門中の専門であるリーダーシップ論、人材育成法を余すところなく著した本書は、発売と同時に

大きな話題を呼び、ベストセラーとなっている。

ビジネスであれ、その他のどんな分野であれ、人の心をつかむ力、つまり「影響力」や「求心力」なくして望む成果を手にすることはむずかしい。

マクスウェルが書いているように、「手にできる成功の大きさは、影響力や求心力の大きさに比例している」のだ。また、影響力や求心力とは「この人のためなら、力を尽くしたい、頑張りたいと思わせてしまう力」とも言える。

だから、あなたが今「何事かを成し遂げたい」と思っているならば、影響力と求心力のある人間に自分を進化させることが必要不可欠なのだ。

「人間力」に自分の〝全存在〟を賭ける

さて、「影響力」や「求心力」が生まれる要因はいくつかあるが、マクスウェルはそれらすべての根本を成す要素として、品性や人間力を挙げている。そして、人間力の第一番目に挙げられるのは、対人関係能力の高さだろう。

「人の気持ちがわかる、気づかいができる」といった能力が卓越している人は、「この人となら、うまくやっていけそうだ、この人に先導されたい」という信頼感を相手に抱かせる。

マクスウェルも「私たちは信頼のおける人、人格的に優れた人の言うことなら、耳を貸してもいいと考える」と書いているが、まずは対人関係力の高さによって築かれた信頼関係がなければ、相手に影響力など及ぼせるはずがない。

しかし、信頼関係があるだけでも人は動かない。

つまり、その人から、何かしらの「力（パワー）」や「存在感」が感じられなければ、リーダーとして人々を率いていくことはできないのだ。

もちろん、人間力は一朝一夕につくられるものではなく、地道な努力の上に築かれていくものである。マクスウェルも、人格を磨くためには、厳しい行動規範を日々、自分に課すことなどを挙げている。

しかし、「影響力」や「求心力」を高めるために、今すぐに変えられるところもある。それは「心の向き」である。自分の心が、「内」と「外」のどちらを向いているかを考えてみるのである。

ここで言う「内」とは、自分の利害関係を考える意識であり、「外」とは、公（パブリック）の利益を考える意識である。

「心の向き」が自分の利益を志向しているか、より広く公の利益を志向しているかに、人はとても敏感だ。もちろん、一〇〇%私的な利害で行動する人はあまりいないが、私的利害「七〇%」、公的利害「三〇%」という人は少なくない。

お互いに利益があるならいいが、自分の利益だけが先に立っている人は、人を動かすことなどできない。皆、「この人の得になるようにしか、自分は使われないだろう」と警戒してしまうからだ。

チーム全体を奮起させる〝合言葉〟

さて、私は発明王エジソンが、私益と公益を両立させた人物の好例ではないかと思う。彼は発明工場を運営しており、そこで社員を大変に厳しく働かせたことでも有名だ。彼は思いついたアイデアを実現させるべく、「私も眠らずに考えるから、君たちも寝るな」と叱咤激励して研究にあたらせた。社員たちがいなければ、そして彼らがエジソンの情熱についてこられなければ、「発明王エジソン」は存在し得なかっただろう。

もちろん、夜も眠らずに研究にあけくれた成果である発明の特許権が、エジソンにいってしまうこともあったかもしれない。しかし、その利益で会社全体が潤い、その豊かさは社員たちにも配分された。また、研究に打ち込む充実感もあった。

エジソンが社員を一つの目標に向けて率いることができたのは、「大きな世界」を見ていたからだ。エジソン自身に「公への貢献」の意識があり、発明工場のメンバーたちにも、その意識は共有されていた。

それは、「人類への貢献」という希望だった。言葉にすると非常に抽象的で大きな言葉だが、十九世紀のエジソンにしてみれば、少しも大げさな表現ではない。

実際、彼の発明した電球のおかげで、昼間と同じように夜の時間を使えるようになった。また、蓄音機や映写機の発明で、声や姿が残せるようになった。

「自分たちが今、やっていることは地味で小さいことだが、成功したあかつきには世界を変えることができる」……こうした希望、憧れを、リーダーであるエジソンは常に体現していた。そのことで、周りは気持ちが鼓舞され、自分たちの仕事にやりがいと責任感を持てたのだ。

「希望を語れる人」に人は憧れる

要するに、管理職やリーダーに求められていることとは、メンバーにやる気を起こさせ、仕事に責任感を持たせることである。マクスウェルは、そのために「激励の言葉を惜しみなくかけよ、小さな成果も認めて誉めよ」と書いている。リードする側が、相手を信頼・評価し、気にかけてやれば、リードされる側もその期待に応えようとするからだ。

自分が与えられた仕事を仕上げるまでは、きちっとやる。自分の気分に左右されることなく、一定のクオリティで仕事をやり遂げる。人をマネジメントする立場にある人は、組織のメンバー一人ひとりに「その場所は、徹底的に自分が守る」という責任感を持たせる手腕が求められる。

たった一人のやる気のない言動で、全体の緊張感、雰囲気が一気に崩れてしまうものだ。メンバーの間に軋轢《あつれき》も生まれるだろう。

そのためにも、マクスウェルが指摘しているように、自らが責任感を持って人材育成に当たること、下が相談しやすい雰囲気をつくることなどが大切になってくる。

そして私自身は、チームの一人ひとりに「責任感」を持たせられる人とは、やはり「希望」を語れる人だと思っている。

人に影響を与える人は、いつも「遠く」を、つまり希望のある未来を見ている。つまり、「憧れ」を持っている。私は、教育には「憧れに憧れる」構造があると書いているが、これはビジネスでも全く同じである。何かに憧れを持って夢中になっている人がいると、周りも、その憧れを追いかけたくなってしまうのだ。

「北極星のように輝く目標」を掲げる力

あるプロ野球の試合で、五年連続の二桁勝利記録を狙っているピッチャーが、五回ツーアウトで交代させられたことがあった（五回を投げきれば、勝利投手の権利がある）。ピッチャーは記録をつくれなかったことに不満で、監督を批判したが、その選手には後日、プレーオフ出場禁止という非常に厳しい処分が下され、ファンの前で謝罪した。

この処分のポイントは、「上司である監督を批判したから」ではない。「チームの勝利」というゴールに向かって皆が一丸となるべき時に、「個人的な記録づくり」という私的利益にこだわったことが非難されたのだ。

チームのリーダーには、構成メンバー一人ひとりの私欲を超えた「北極星のように輝く目標」を掲げる力がなければならない。そして、その目標に向かって、チームをまとめ上げていく力が求められる。

「自分のためだけではなく、大きな夢の実現のために自分は行動している」という軸があってこそ、人の力は無限大に引き出される。「我々が目指す北極星は、あそこだ」と指し示されて、初めて人は情熱を持って動き出すのだ。

もちろん、北極星は魅力的に輝いていなければならない。「人類への貢献」「栄光」「達成感」、何でも構わないが、憧れの対象である必要がある。

エネルギーは放出すればするほど強大になる

マクスウェルは、「品性」こそ永続的な成功を手にするための不可欠な要素だと書いているが、私的利益の追求だけで終わってしまうリーダーからは、品性が感じられない。自分に多少の負荷がかかっても、責任を持って人材育成に当たる人、チームや社会に貢献する人は、無条件に高く評価され、応援されるものだ。

他者に貢献することで求心力を抜群に高めた人物といえば、サッカー弱小国だった日本にメキシコオリンピックで銅メダルをもたらした外国人コーチ、デットマール・クラマー氏の名前がまず思い浮かぶ。

彼は「言葉の魔術師」と呼ばれ、「君たちは今、大変なことをやろうとしている。大変なことだから、素晴らしいのだ。素晴らしいことをする人間がくじけてはいけない」と希望を語り、選手たちを鼓舞した。

彼は日本のサッカー文化の向上のため、全力で指導に明け暮れた。当時の選手たちは彼に心から感謝し、「クラマー氏を男にする」をスローガンに戦い、見事、銅メダルという〝結果〟をものにしたのだ。

野球の国別対抗戦、ＷＢＣ（ワールド・ベースボール・クラシック）では、イチローをはじめとした日本代表選手たちが、やはり「王監督に恥をかかせてはいけない」という一心で、韓国、キューバを破り、優勝を勝ち取った。

「誰かのために」という力は、「自分のために」という力よりも格段に大きくなる。パワーは、内側にだけ向かえば、自家中毒を起こす。逆に、人のために放出すればするほど、強大になる。

エジソンのように「人類のため」とまで大きく考えるのはむずかしいかもしれないが、「誰かのために」という志のある人に、人はついてくるのだ。

人を奮起させる〝魅力的なヴィジョン〟

また、憧れは必ずしも外に求める必要はない。「理想の自分」という憧れの存在をゴールに設定することで、大成功を収める人は少なくない。

優れた人のほとんどは、「理想の自分」「理想の仕事」というヴィジョンを持ち、そこに到る道程のイメージ・トレーニングをしている。そして、「人を動かす人」とは、さらに一歩進んで「自分の理想、ヴィジョンを共有させる力」の持ち主である。

なぜなら、大半の仕事は人と協力し合うことが欠かせない。ヴィジョンを共有させる力は、大きなことを成し遂げたい人にとっては、不可欠の能力なのだ。

たとえば、今は「企画力の時代」に入っていると私は思っている。

時代の流れを敏感に読み取り、今、皆が何を求めているかを瞬時に察知するアンテナを張りめぐらせて、企画、プロジェクトを立てる。こうした能力が、今あらゆるところで求められている。

そして、自分の企画を通したいならば、「企画を聞いてくれる相手」の頭の中に、リアリティのある成功地図を描けるかが、勝負の分かれ道になる。

「プリクラ」という商品を例にとると、「女子高生が友達との思い出のために撮りますね」「手帳に貼って、友達の多さを見せ合ったりして盛り上がるでしょう」と、そのシーンを「目に浮かぶ」ように、また商品を使っている人の感情まで臨場感を持って描写するのだ。

企画倒れになることが多い人は、ヴィジョンを共有する力、相手の感情を揺り動かし、共感させる力が弱いのだ。そこに気づけば、「現実的に意味のある企画」を立てられるようになるはずだ。

「身体メッセージ」の大きい人の魅力

　また、身体の発するメッセージが「影響力」を形成する時の重要なファクターにもなる。

　マクスウェルも「人の言外のメッセージを読み取る能力の重要性」を強調しているが、「言外のメッセージ」とは、身体そのものが発している力、いわゆる「気」だと私は考えている。

　いわゆる勘のいい人は、相手の発する「気」を、相手の表情などからさっと受け取れるから、相手が退屈していると思えば、話をやめることも、話題を変えることもできる。

　それができない鈍感な人は、相手が退屈しきっているのに、際限なく話し続ける。こんな人が影響力を発揮できるわけもない。

　そして、「身体メッセージの感知力の高さ」に加えて、「自分の発する身体メッセージ」のエネルギーが大きい人ほど、太陽のように人を引きつける。この二つを高めることで、あなたの影響力は格段に高まるのだ。

　それから、身体的なことに関して言えば、声の「張り」を人は注意深く察知しており、「張り」のない声の持ち主には、誰もついていかない。声が舞い上がっていてもダメで、落ち着いていながら、張りがある状態がベストだ。そして、張りのある声とは、「肚《はら》」が座っていなければ出せるものではない。

かつては「肚のある人が、人を動かす」と言われていた。また、肚のある人とは、「私利私欲にまみれていない人」という意味でもある。

肚がある状態は、東洋の身体感覚である「丹田呼吸法《たんでん》」によってつくり出すことができる。呼吸をゆっくり大きく吐いて、へその下にある「臍下丹田《せいか》」に気を集めると、気持ちが鎮まっていく。そして、冷静かつ果断に判断、行動できる。

頭に血がのぼって冷静になれない人、ふわふわと言葉が流れてしまう人も、「肚がない」と言われるが、臍下丹田を意識し、身体の軸がぶれていないことを確認しながら話せば、自ずと声に張りと余裕が出る。身体の中心軸がぶれている人と一緒にいると、周りも落ち着けない。身体感覚も、人を動かす時の重要な要件なのだ。

❏「志のバトン」のつなぎ方

マクスウェルは、本書の最終章で「志のバトンをつなげ」と書いている。自身の「志」が次代へ引き継がれていくこと、それこそ「究極の影響力」だと力説している。

そして、日本の歴史からそんな人物を探せば、幕末の雄、吉田松陰こそ、まさしく「志」そのものをバトンとして次代に手渡した人物である。二十代半ばで亡くなっているが、松蔭の志は高杉晋作や久坂玄瑞《くさかげんずい》、伊藤博文といった松下村塾の塾生に渡され、明治維新の原動力となったからである。

吉田松陰も高杉晋作も維新前に亡くなったが、その志は長州藩全体に浸透し、明治維新という形で結実した。自身の出世や命をも省みず、未来に向かって己を捧げる広い視野を持っていたからだ。

自分の命を賭しても叶えたいこと、守りたいことがあるという「気迫」に人は引き寄せられる。繰り返すが、「私的利益」よりも「チームの利益」「志」を優先する人に皆がついていくのは、古今東西変わらぬ普遍的真理である。人から信頼されれば、私的利益は自ずとついてくる。

司馬遼太郎は、「志」を持つ人間の魅力を描いた作家だが、彼の著書を読むと心が熱くなるのは、「志」の追求に尽力する人間の尊さに触れられるからだ。

そして、私たちが司馬遼太郎を読むのは、「志のバトンのつなぎ方」を学ぶために他ならない。現代は、幕末維新のように切迫してはいないが、「俺も龍馬のようになるぞ」と熱く燃え、気持ちを盛り上げていくことが大事なのだ。

仕事に燃えるためのウォーミングアップとして読む――多くの人が司馬遼太郎を愛読する理由は、ここにあるのだろう。

もちろん現代にも、至るところに「志士」はいる。

早稲田ラグビーを復活させた清宮克幸《きよみやかつゆき》氏（現サントリーラグビー部監督）もその一人だろう。彼は赴任したチームをことごとく復活させている。選手たちに「ハートも熱くならないとダメなんだ！」と檄《げき》を飛ばし、監督自身も心を熱く奮い立たせているから、選手たちも「この人についていきたい」と思うのだ。

果たして、読者自身は「現代の志士」たり得ているだろうか。

今の日本で残念なのは、社会的に大きな力を持つ人たちに、「志」や長期的なヴィジョンが感じられないことだ。それどころか、私腹をこやす人ばかりが目につく。

結局、その地位、力を使って何事を成したいのか、リーダーの立場にある人は省みてほしい。常に「遠く」を見る姿勢を忘れず、「志のバトン」という感覚を抱いていれば、大きく道を踏み外すことはないだろう。

今、「武士道」が見直されている。もちろん、「武士になりたいか」と問われれば、実際には大半の人が「否」と答えるだろう。

しかし、維新の志士たちに代表されるような、武士の矜持《きようじ》の一部でも受け継げば、必ずや人を動かせる人物たり得るだろうと私は確信している。

「志」のいいところは、どんな社会的ポジションにあっても、自分が覚悟を決めさえすれば持つことができることだ。どんな仕事でも、「志の灯《ひ》」がともれば、何かが変わってくる。その灯は意外と他人からも見えるものなのだ。

鏡に向かって一日一度「志の灯はともっているか」と自分自身に問いかけるところからスタートしてみてほしい。何かが動き出すはずだ。

BECOMING A PERSON OF INFLUENCE
by John C. Maxwell and Jim Dornan

求心力《きゅうしんりょく》　人《ひと》を動《うご》かす10の鉄則《てっそく》

著　者——ジョン・C・マクスウェル／
ジム・ドーナン
訳　者——齋藤　孝（さいとう・たかし）
発行者——押鐘冨士雄
発行所——株式会社三笠書房
〒112-0004 東京都文京区後楽1-4-14
電話：(03)3814-1161（営業部）
：(03)3814-1181（編集部）
振替：00130-8-22096
http://www.mikasashobo.co.jp
印　刷——誠宏印刷
製　本——宮田製本

編集責任者　前原成寿
ISBN978-4-8379-5676-1 C0030